Generis

PUBLISHING

Crise anglophone au Cameroun. Guerre sauvage ?

Hippolyte Éric DJOUNGUEP

Gertrude NGA KALA

Descrierea CIP a Camerei Naționale a Cărții

Djounguep, Hippolyte Éric.

Crise anglophone au Cameroun. Guerre sauvage? / Hippolyte Éric Djounguep, Gertrude Nga Kala – Chișinău : Generis Publishing, 2020 (Print on demand). – 103 p.

Rez.: lb. fr. – Referințe bibliogr. în subsol.

ISBN 978-9975-153-35-5.

327.8(671.1)

D 54

Cover image: Hippolyte Éric DJOUNGUEP

Generis Publishing
Online orders: www.generis-publishing.com
Orders by email: info@generis-publishing.com

Préface du Dr FOPA SIMO Etienne

PREFACE

Comprendre les considérations générales sur les conflits en Afrique démontre à suffisance les difficultés à perpétuer la paix et le développement sur le continent et accorde une place très importante à l'afro pessimisme créé immédiatement à la période post indépendance. Pour les adeptes de cette idéologie, il fallait prouver l'existence d'une Afrique conflictogène, mystique, pauvre, dangereuse et présentant toutes les conditions de pérennisation des conflits armés et l'incapacité notoire d'y apporter des solutions durables.

L'Afrique compte plus de 3 000 groupes de populations et plus de 2 000 langues. Malgré ou peut-être à cause de cette diversité culturelle, l'Afrique est un continent secoué par de nombreuses crises. L'Institut Heidelberg de recherche sur les conflits a recensé 144 conflits dans le monde entier en 2010, dont 12 classés dans la catégorie des guerres et 24 dans la catégorie des crises violentes. Sur ces 36 conflits, seuls deux n'ont pas eu lieu dans des pays en développement. L'Afrique est particulièrement touchée par les deux tiers de toutes les guerres ayant eu lieu depuis les années 2000. La plupart des conflits se déroulent depuis plusieurs décennies. Dans de nombreux pays, les guerres prolongées n'ont pris fin que récemment. Par exemple, au Mozambique, où les guerres se sont déroulées sur plus de 17 ans.

Depuis la fin de la guerre froide dans les années 1990, qui a également déterminé la politique africaine, les schémas de conflit en Afrique subsaharienne ont radicalement changé. Le nombre de conflits entre États a diminué, mais le nombre de conflits intra-États a augmenté, tout comme le volume du trafic d'armes. Les affrontements ont lieu entre les forces armées régulières, les armées privées et les milices, et des pans entiers de la population sont militarisés. Cela conduit à un effondrement temporaire ou complet de l'État dans de nombreuses régions d'Afrique.

Ces perturbations sociétales du continent font un creuset entre les vérités sur ces données conflictogènes et les réalités médiatiques du continent. Ce contraste dans la perception de l'historiologie moderne de l'Afrique est devenu la partie visible de l'Iceberg; Les représentations d'une Afrique meurtrie par les guerres sanglantes traduisant une image dangereuse et mystérieuse, d'une perpétuelle instabilité politique, et d'une crise économique ponctuée par les catastrophes, les désastres, la famine et la pauvreté téméraire. Ces présentations négatives renforcent l'idée d'un continent sans espoir.

Cela va sans dire que loin du continent, la fiction et les imaginations artistiques n'ont pas favorisé à défaire ces constructions matérielles et fictives dans le marketing du continent. Hollywood a beau fait de présenter un continent proche de la nature, sans industrie ni civilisation, avec des animaux : Lion, girafe, tigre...vivant en toute harmonie avec les Hommes dans des environnements paradisiaques d'une part et, d'autre part la guerre des matières premières mettant en staring généralement des Hommes mi-sauvage mi-loup...comme dans blood Diamond, Dogs of war... et autres métrages pour montrer dans quelle férocité l'africain était condamné à vivre.

Faire une mise en scène de l'Afrique à ce point est une instrumentalisation dans le but de renforcer la perception publique au sujet du continent, mais surtout pour légitimer la vision mondiale sur le tragique du continent.

Nous pouvons alors comprendre pourquoi les médias, surtout occidentaux, en terme de couverture des confits sur le continent, se concentrent sur le sensationnel et les stéréotypes. La vision normale ou alors les grands succès du continent ne représentent qu'une infime partie de leur couverture médiatique.

Parlant de cet entrain, de cette envie, de cette volonté de peindre l'Afrique comme le désespoir de l'humanité, la deuxième partie de l'Iceberg reste les causes et même les fondements de ce conflit. L'une des principales raisons pour lesquelles les conflits perdurent dans certaines régions d'Afrique et même sur plusieurs décennies est la présence des richesses en ressource. On note entre autre le coltan, le diamant, l'or, le pétrole, les bois tropicaux...cela va s'en dire que le conflit ici peut naitre sur la recherche du contrôle d'accès à ces ressources prisées sur le marché mondial. Ce marchandage ne date pas d'aujourd'hui, déjà pendant l'occupation européenne, l'Afrique fournissait des matières premières de grande importance pour le développement de l'industrie européenne.

À la fin du XIXe siècle, le caoutchouc revêtait une grande importance pour les industries des pays industrialisés occidentaux (en tant que base de fabrication de pneus, par exemple). Les effets politiques et économiques de la période coloniale furent considérables. L'infrastructure a été conçue uniquement dans le but de transporter les matières premières vers les ports, ce qui entrave l'intégration post coloniale et constitue à ce jour la base du rôle de l'Afrique en tant que fournisseur de matières premières aux industries du monde. Les systèmes politiques traditionnels ont été brisés par les puissances coloniales ou les dirigeants des peuples africains indirectement inclus dans le pouvoir colonial. Cette règle indirecte a souvent entraîné une aggravation des conflits entre différents groupes ethniques. En Ouganda, par exemple, les Britanniques ont utilisé l'aristocratie et les structures administratives existantes du royaume de Buganda pour gouverner l'ensemble du pays. Pour le contrôle militaire du territoire, des soldats des tribus belliqueuses du Nord ont été recrutés. Cette politique a contribué de manière significative à l'intensification des conflits internes et a été une raison pour des affrontements violents ultérieurs entre les groupes ethniques. Sous le régime colonial, une nouvelle élite est apparue, qui n'est que partiellement issue de l'élite traditionnelle.

Sur le chemin de la construction d'une Nation, on constate un manque de volonté de la part de l'occupant. Sous le régime colonial, l'État est apparu principalement comme oppresseur, exploiteur et contrôleur, ce qui a affecté négativement l'attitude politique de la population à l'égard de l'État central pendant des générations. Le colonialisme ne pourrait pas non plus modifier en grande partie la compréhension politique personnaliste de la plupart des sociétés africaines. Les identités sociales locales, telles que les clans, les groupes villageois ou les familles, sont encore plus importantes que les identités abstraites telles que l'État-nation. Après l'effondrement progressif de l'ordre colonial à la fin de la seconde guerre mondiale, la "guerre froide" s'est déroulée en Afrique sous forme de "guerres par procuration", le pouvoir des colonialistes et non des représentants du peuple a créé un climat de déséquilibre social au départ et ensuite par la fabrication des privilégiés recrutés le plus souvent dans les tribus les plus faibles et les moins représentatives de la région afin d'établir sur place de véritables relais pour les guerres à venir.

Ces guerres sont soutenues par les superpuissances ou les anciennes puissances coloniales avec des armes ou des moyens financiers, ainsi que par des systèmes non démocratiques fondés sur la corruption et la suppression de l'opposition. Après 1990, ces guerres ont souvent débouché sur des guerres de produits de base ou des minerais comme nous l'avons noté plus haut.

Pour ce faire, les élites au pouvoir ont dû trouver de nouvelles options de financement pour conserver leur pouvoir. En raison de la rareté des matières premières sur e marché mondial et de la demande sans cesse croissante, ainsi que de l'orientation unilatérale des États africains en matière d'exportation, les matières premières peuvent facilement être vendues sur le marché mondial et fournissent au gouvernement les liquidités nécessaires pour financer davantage les guerres et la répression. Sans le soutien financier des pays industrialisés du nord, de nombreuses économies de guerre seraient déjà terminées. Pour assurer sa position et son pouvoir, le président angolais Dos Santos a construit un appareil militaire qui s'attaque violemment à l'opposition, ainsi qu'un réseau de bénéficiaires ici et là bas pour financièrement et économiquement maintenir son pouvoir. Cet équilibre délicat peut rapidement conduire à une guerre civile en raison de troubles dans le pays voisin ou d'une opposition défensive. Comme les gouvernements manquent souvent de légitimité, ils doivent sécuriser leur pouvoir par la force du fait qu'ils ne sont intéressés ni par la paix, ni par un développement durable des communautés locales. Cet équilibre entre les faveurs et la violence peut également déclencher des affrontements violents. Les inégalités économiques ou sociales entre groupes éthiques, régionaux ou religieux peuvent également donner lieu à des conflits. Celles-ci peuvent se manifester par une répartition inégale des droits fonciers ou miniers, la suppression d'une langue coloniale ou l'accès à la machine étatique des autres groupes ethniques non favorable à la politique coloniale.

L'Etat dans ces pays fragiles á démocratie défectueuse est à la fois fort et faible: grâce à des actions répressives, il peut acquérir des ressources dans certains domaines et parfois entretenir des relations sociales en gardant le contrôle sur les chefs religieux et traditionnels. Par ailleurs, un degré élevé de décentralisation crée des règles territoriales locales sur lesquelles l'État n'exerce aucun contrôle, ce qui ne favorise pas le totalitarisme et peut affaiblir l'emprise de l'Etat central sur l'exploitation de l'hinterland. Ainsi, dès que le pouvoir de l'État est affaibli, une anarchie politique dominée par les chefs de guerre, les unités rebelles de l'armée et les milices ethniques prend le relais soit pour la prise effective du pouvoir central, soit pour des revendications sécessionnistes afin d'accéder à l'auto gouvernance.

La perception que nous avons des conflits dans le monde et non pas seulement en Afrique est bel et bien construite par les médias. La compréhension historique étant pré établie par les forces d'occupation et les empires coloniaux. Les journalistes jusqu'ici dans leur rôle de transmettre la réalité du front à leur rédaction se sont vus orientés par les donneurs d'ordre et les groupes de pression dans le but de construire une réalité mondiale à la solde des prédateurs qui, pour la plus part des conflits dans les régions stratégiques sont les seuls bénéficiaires aussi bien en amont qu'en avale.

Pour le continent africain, la construction de l'image des catastrophes, des crises et des guerres n'est pas loin de ce qui est enseigné dans les médias classiques. La question fondamentale est de savoir quel serait le rôle de ces médias dans la couverture des conflits si ces derniers se proposaient de se dénuder de leur mentaux et de produire des rapports dans le sens de la résolution des conflits, en faisant une orientation d'après leur connaissance du terrain et des causes lointaines de la crise.

Proposer un journalisme de paix dans les régions de conflit en Afrique, serait un pas réel dans la compréhension des causes même des conflits, leurs manifestations et, selon la lecture de la situation, une proposition de sortie de crise. Ceci est difficile en ce sens que les guerres fabriquées ou manipulées par les forces exogènes sont parfois imperméables aux journalistes de paix et aux observateurs indépendants capables de faire un rapport fiable des exactions et d'établir un bilan proche de la compréhension réelle.

À la lecture de la crise anglophone, ce travail innove par sa perception du traitement de l'actualité du front de guerre par des médias des ex puissances colonisatrices et le rôle que peuvent jouer ceux-ci dans la transformation des conflits. Sachant que les médias ont la possibilité de proposer une vision révélatrice des rapports de force sur le terrain et des appartenances de leur environnement politico-économique, les deux chercheurs en Médias et conflits : Hippolyte Eric Djounguep et Gertrude Nga kala ont parcouru quelques articles de presse pour faire ainsi une proposition de leur transformation à l'angle de la communication pacifique et internationale. Nous leur devons ce courage et cette grandeur d'oser comprendre ces crises africaines et d'y proposer une orientation pacifique.

Dr Etienne FOPA SIMO
Dortmund, le 12 avril 2019

RESUME

Si l'on en croit les médias d'Occident, lors de conflits africains – qui du Soudan du Sud ou de la RCA en passant par la crise anglophone au Cameroun, surgissent comme des éruptions et restent sans explications – on tue et on meurt à tout hasard, sans raison. Rien n'indique un but, un plan, des projets. Tout est sang, cris, chaos. Plongés dans les ténèbres, les Africains se livrent des guerres incompréhensibles, différentes donc des guerres d'Occident. D'où la nécessité de les sauver de ce fatal atavisme. En réalité, la construction médiatique des conflits africains illustre la persistance d'un discours produit dans un contexte ancien : le contexte colonial. S'inspirant notamment de travaux de théoriciens de l'approche postcoloniale, qui postulent que la colonisation de vastes territoires d'Afrique, d'Asie et d'Amérique dès le 16ᵉ siècle était également un projet discursif, cette étude démontre que la fin de l'épisode colonial n'a pas marqué celle de ce discours. La crise anglophone au Cameroun depuis novembre 2016 ainsi que rapportée par deux médias influents, RFI et BBC, sert d'illustration à cette étude.

INTRODUCTION

Une des croyances les plus répandues au sein des medias est celle selon laquelle ils permettraient un rapport direct à la réalité. Dans leurs comptes rendus de conflits armés, les envoyés spéciaux des médias estiment souvent qu'ils proposent une connaissance immédiate de l'évènement. Parce que chacun peut suivre les évènements du front en « temps réel », la réalité serait aisément compréhensible.[1]

Le raisonnement latent, contenu notamment dans la règle sacrée pour les journalistes du respect de l'objectivité, présuppose qu'en offrant des informations complètes, précises, authentiques et claires, les médias laisseraient le choix de la décision au citoyen et auraient ainsi servi de miroir à une réalité. En résumé, des médias bâtis sur l'objectivité, remplissant de manière professionnelle leur rôle n'offriraient que de simples reflets du monde, à propos duquel le citoyen libre se ferait sa propre opinion.

Une telle perspective oublie pourtant que le discours médiatique construit le monde. Par leurs productions, les médias offrent une construction de la réalité. En choisissant les informations qui seront publiées et celles qui ne le seront pas, les images qui seront diffuses et celles qu'on ne verra pas, en déterminant l'angle sous lequel elles seront mises en valeur ou pas, en offrant la parole à certains acteurs plus qu'à d'autres, en proposant une évaluation plutôt qu'une autre, les médias construisent une image du monde davantage qu'ils ne rendent simplement compte de sa marche.

Les nombreuses recherches menées autour de l'hypothèse de l'agenda setting ont notamment permis de démontrer l'influence et la capacité des médias à imposer des thèmes et des enjeux à l'ensemble de la société. Les théoriciens de l'agenda setting qui analysent la saillance des enjeux dans la société postulant depuis les années soixante du rôle singulier des médias quant à l'importance que prennent certains enjeux. D'après ces derniers, les médias réussissent en général à imposer au public si ce n'est ce qu'il faut penser, tout au moins ce que la société doit penser.[2] En clair les sujets jugés importants par les médias, ceux qui occupent les premières pages des magazines et font l'ouverture des bulletins

---

[1]La chaine américaine d'information en continu CNN qui a initié au début des années 1990 le format de la couverture de l'actualité sans interruptions aime à souligner qu'en regardant des bulletins de nouvelles, le téléspectateur sait forcément ce qui se passe dans un monde qu'il comprend forcément mieux.

[22] Cohen 1963, p.13

d'informations et qui tendent à devenir ceux dont la société va débattre et autour desquels des énergies seront dépensées. Par le fait même, les médias écartent une panoplie de sujets qui n'auront pas droit de cité, ou du moins leur accordent une place nettement inférieure.

Ainsi, les aventures extra conjugales de l'ancien président américain Bill Clinton ont-elles occupé, de longs mois durant, l'attention des médias et ensuite du public américain dès janvier 1998, reléguant bien de graves sujets à un traitement moins important. Ce sujet, devenu le principal sujet de conversation aux Etats-Unis et ailleurs pendant de longs mois, doit à la persistance des médias d'avoir connu une telle notoriété.[3]

De même, la mort de la princesse De Galles Lady Diana en 1997 a focalise l'attention d'une majorité de médias du monde, consacrant à cet évènement: "plus de place qu'à n'importe quelle autre concernant une personne physique dans toute l'histoire des moyens de communication".[4] Là encore, la force d'imposition des médias a permis de faire d'une personnalité symbolique dans un pays lointain le centre d'intérêt de milliards de gens dans des lieux où l'on avait des problèmes plus urgents à régler. Pendant ce temps, on peut présumer que des conflits divers, aux conséquences vitales pour des millions d'individus, des décisions politiques et économiques cruciales, des enjeux sociaux décisifs ont été ignorés par les médias. Ils ont par le fait même, en l'espace de quelques jours ou semaines, cessé d'être perçus comme des sujets importants par une partie importante du public. L'espace des funérailles de la princesse de Galles, il a pu sembler à plusieurs que le monde était en deuil, que des milliards d'individus avaient perdu avec le décès de la princesse un membre proche de leur famille. Ce n'était bien sûr point le cas. Mais les médias avaient réussi, dans ce cas comme dans d'autres, à construire entre la défunte et le public un lien fictif, suggérant au passage une image d'un monde uni dans sa douleur.

D'autres auteurs ont mis en lumière diverses variables explicatives de cette construction médiatique de la réalité. Les médias peuvent proposer une vision du monde liée et révélatrice des rapports de pouvoirs qu'ils entretiennent avec l'environnement politique et économique. Chomsky et Herman ont par exemple mis en lumière comment la couverture de certains pays étrangers par les grands médias américains était influencée par l'identité du propriétaire de ces

---

[3] Ramonet, Ignacio (1999). La tyrannie de la communication. Paris. Gallimard.
[4] Ibid

medias.[5] Pour ces auteurs, selon que des chaines de télévision et des magazines américains sont propriétaires de grands groupes économiques lies à l'industrie de l'armement et du pétrole par exemple, leur couverture de l'actualité internationale obéit au souci de ne pas embarrasser les pays ou les groupes dont ils dépendent. Accessoirement, ces pays entretiennent de bons rapports politiques avec les Etats-Unis. Et peu importe que bien souvent, ces alliés de l'Amérique soient de notoires violateurs des droits humains, idéaux dont les Etats-Unis se veulent officiellement d'ardents défenseurs.

Selon Entman, les médias peuvent également construire la réalité en accordant à la société un enjeu particulier, une place centrale dans l'explication de phénomènes variés. Pendant la guerre froide entre les Etats-Unis et l'Union soviétique (1945-1989), l'explication de nombreux évènements s'est effectuée à l'aune de ce seul affrontement. Ainsi, en guise d'exemple, deux attentats commis l'un par l'armée américaine contre un avion civil iranien le 3 juillet 1988 (bilan: 290 morts) et l'autre par l'armée soviétique contre un avion civil nord coréen (bilan: 207 morts), ont eu droit à un traitement différent que seul explique, selon Entman, le « paradigme de la guerre froide » : la presse américaine en effet estimait que l'attentat américain était un regrettable accident alors que l'attentat russe était lui un acte criminel planifié. A l'examen des faits et des discours médiatiques, Entman note qu'il est permis de croire que l'un et l'autre cas sont plus proches que les médias ne l'ont laissé pensé.

Notre projet est d'établir comment cette reconstruction de la réalité par les médias s'opère également sous l'influence de rapports politiques passés, le rapport colonial en l'occurrence. L'ambition de notre travail est d'évaluer dans quelle mesure, dans la presse occidentale, lorsqu'il s'agit de rendre compte de conflits armés qui se déroulent sur le continent africain, la construction médiatique porte la marque du rapport colonial passé.

Analyser le discours médiatique que portent les médias occidentaux sur un pays anciennement colonisé – le Cameroun qui traverse depuis le 1er octobre 2017 un conflit armé qui oppose les séparatistes anglophones à l'armée régulière – et qui dès lors porte les marques et séquelles de ladite colonisation. C'est cette démarche que nous entendons suivre, tout en limitant notre ambition à la seule couverture médiatique d'un conflit africain. Cette dimension politique et historique que nous entendons ramener au cœur de notre travail constitue le

---

[5]Chomsky, Noam et Herman, Edward S. (1988). La fabrique de l'opinion publique, la politique économique des médias américains, Paris, Le serpent à plumes.

champ d'intérêt de l'approche postcoloniale qui, ainsi que nous l'expliquerons plus loin, constituera notre principal cadre d'analyse.

La colonisation européenne de vastes territoires d'Asie, d'Amérique et d'Afrique qui s'étale entre le 16e siècle et le milieu du 20e siècle fut tout à la fois une entreprise de domination militaire, politique et économique. A ces aspects, les théoriciens de l'approche postcoloniale (Saïd, 1978[6] ; Bhabha, 1994[7]), ajoutent une dimension supplémentaire : celle du discours. Le projet colonial s'est justifié, légitimé et mis en œuvre par le biais d'un processus discursif qui à son tour a été enrichi et renforcé par celui-ci. Le discours aura été à la fois l'expression, le masque et le révélateur du projet colonial.

Pour ces théoriciens, la fin de l'épisode colonial – sur les plans militaires, politiques et économiques – n'a cependant pas marquée celle du discours colonial. Dès lors, il est possible, aujourd'hui encore, de débusquer, dans les textes et les propos publiés en occident sur les territoires anciennement colonisés, les marques – figures de style, images, raisonnement, procédures rhétoriques, clichés, reflets - selon l'approche postcoloniale, la réalité d'un rapport de domination des anciens colonisateurs sur les anciens colonisés (Mbembe, 2001[8]).

C'est dans cette perspective par exemple que Stuart Hall[9] propose un examen du répertoire de la représentation populaire des athlètes noirs – athlètes aujourd'hui, esclaves hier – force physique animale, sexualité débridé. Toutes choses qui rappellent les stéréotypes nés et en vigueur lors de périodes plus anciennes ayant profondément marquée la rencontre entre l'Occident et le monde noir africain: l'esclavage des Africains dès le 16e siècle, l'impérialisme colonial et enfin la période de l'après deuxième guerre mondiale (Hall, 1997).

Le constat de Hall (1997) s'inscrit dans une discussion plus large sur la construction de l'Autre dans toute société. Construire l'Autre, lui attribuer certains traits, permettrait de donner un sens à ce qu'on est soi-même. C'est à la fois dans l'opposition avec un autre différent de soi et dans le dialogue avec lui que l'on se construirait. L'autre est en quelque sorte le miroir dont on a besoin. Dans le rapport qu'entretiennent les sociétés les unes par rapport aux autres, tout se passe comme si pour l'Occident, l'Afrique constitue « l'Autre Absolu ».

---

[6] Saïd, Edward (2003). Culture et impérialisme. Paris. Fayard/Le monde Diplomatique.

[7] Bhabha, Homi (1994) The location of culture. London, Routledge.

[8] Mbembe, Achille (2001). De la Post colonie. Essai sur l'imagination Politique dans l'Afrique contemporaine. Paris. Karthala

[9] Hall, Stuart (1997) "The Spectacle of the Other: representation, cultural representations and signifying practices. London. Sage.

Achille Mbembe estime que « l'Afrique en tant qu'idée et en tant que concept a historiquement servi et continue de servir d'argument polémique à l'Occident, à ses normes et à ses valeurs et sans doute aussi à la manière qu'il a de mener ses guerres et de les résoudre » (Mbembe, 2006)[10].

Diverses recherches ont solidement établi que la couverture médiatique dont bénéficient les conflits africains est plus souvent réduite à quelques clichés les rapprochant d'une barbarie sans fin ni justification, à peine intelligible si l'on évoque de lointaines querelles tribales et d'indissolubles haines entre ethnies (Wall, 2007[11]; Sylva et Wyly 2001[12]; Hawk, 1992[13]). La différence dans le traitement entre un conflit africain et un conflit ayant eu lieu en occident est frappante dans le cas des guerres au Rwanda (1990 à 1994) et en Bosnie (1992 à 1995) : en dépit des traits pouvant rendre possible le rapprochement entre l'un et l'autre – acte de génocide, massacres, batailles militaires – le discours médiatique tenu sur le conflit rwandais le résume à une indicible barbarie dont les origines se situent dans d'immémoriales divisions ethniques (Myers et al., 1996)[14]. De plus, le traitement médiatique entre le Rwanda et la Bosnie révèle un écart quantitatif et qualitatif. Pour chaque article publié par la presse américaine sur le conflit rwandais, il y en a vingt-cinq publiés sur celui en Bosnie (Myers et al., 1996). Dans la couverture du Rwanda Myers et al., (1996) de même que Wall (2007) notamment signalent la présence nettement plus marquée du langage de la guerre civile, de celui de la sauvagerie, du vocabulaire ethnique et tribal. Toutes ces dimensions mettent en avant une image chaotique du conflit rwandais, un conflit le plus souvent décrit comme incompréhensible à tout esprit rationnel si ce n'est au travers d'une logique primitive. A l'opposé, la couverture du conflit bosniaque réfère très rarement à de telles caractérisations et privilégie l'examen des calculs militaires et politiques décrits généralement sous l'angle de leur sophistication (Myers et al.).

---

[10] Mbembe, Achille (2006). "Qu'est-ce que la pensée postcoloniale" in Esprit.

[11] Wall, Melissa (2007), "an analysis of news magazine coverage of the rwanda crisis in the United States », in Allan Thompson, The Media and the Rwanda Genocide. Ottawa. IDRC. PP 261-273

[12] Silva, Julie A. and Wyly, Elvin (2001). « Between Africa and the Abyss : Globalization, Media and the Invisibility of a continent ». The Geographical Bulletin 43(1), 36_46.

[13] Hawk, Beverly (1992). Africa's media image. Praeger.

[14] Myers, Gareth; Klak, Thomas et Timothy Koehl (1996). "The inscription of news difference: news coverage of the conflicts in Rwanda and Bosnia". Political Geography. 15(1), 21-46.

A l'évidence, le Rwanda – et par effet de conflation l'Afrique – est cet « Autre Absolu » que rien ne rapproche de la Bosnie – équivalent de l'Europe – en dépit des éléments disponibles pouvant le rapprocher davantage que l'éloigner. Dans la représentation du conflit rwandais, certains traits distinctifs d'avec le conflit en Bosnie sont privilégiés au détriment des traits ressemblants. Certaines interprétations sont davantage véhiculées, privilégiées, mises en valeur. Il n'est pas question à propos du Rwanda de calculs militaires, ni de stratégies politiques, mais de massacres barbares et d'orgies de tueries. Or, autant le conflit en Bosnie a offert son lot d'horreurs souvent comparables à celle du Rwanda, autant dans ce conflit rwandais, les stratégies politiques et les calculs militaires ne furent pas rares. Une couverture si clairement différenciée alors que des faits similaires ont été identifies ici et là laisse envisager la prédominance dans ladite couverture certaines modalités de raisonnements, de « cadres » – frames – coloniaux en l'occurrence, omniprésents dans le discours produit sur le conflit rwandais.

Ceci dit, même si l'exploration du discours médiatique sur les conflits africains dans les médias occidentaux a permis de juger de l'existence d'un traitement singulier réservé à ces conflits, de mettre en lumière les traits distinctifs propres à ce traitement (Hawk, 1992; Myers et al., 1996; Sylva et Wyly 2001; Wall, 2007; Carruthers, 2004), de manière générale cependant, cette exploration permet rarement d'envisager les raisons de ce traitement particulier. Autrement dit, les enjeux politiques et historiques qui peuvent expliquer une telle couverture médiatique ne sont pas suffisamment abordés.

Dans un livre portant plus généralement sur le discours médiatique que portent les médias occidentaux sur les pays anciennement colonises, David Spurr (1993) [15] propose d'analyser ces discours à la lumière de l'histoire colonial, et en particulier des rapports de pouvoirs que la colonisation a engendré.

Analysez le discours médiatique occidental et étudier l'influence des médias occidentaux dans les conflits africains, c'est d'abord une réalité. Celle des rapports postcoloniaux entre les anciens colonisateurs et les anciens colonisés. Les questions auxquelles nous avons tenté de répondre sont celles de savoir : Quels sont les traits qui dominent le discours médiatique sur les conflits

---

[15] Spurr, David (1993). The rhetoric of empire: colonial discourse in journalism, travel writing and imperial administration. Durham and London. Duke University Press.

africains? Et en quoi ces traits renvoient-ils à des discours passés tenus du temps de la colonisation de l'Afrique?

Les médias donnent les réponses relatives à la causalité de l'évènement, ils sont aussi le lieu privilégié de cadrage de l'information. Ils en donnent la couleur principale, dessinent son fil conducteur, renseignent sur le ton de l'article et indiquent par conséquent ce qu'il faut en retenir. La référence à certains termes et expression sont porteuses des germes des rapports historiques

Sur le plan de la méthodologie, il a été question, par l'analyse de discours récents, d'établir des liens avec des manières de décrire et d'analyser l'Afrique qui datent de l'époque de la colonisation. Pour les besoins de cette analyse, cette évaluation est portée sur les discours des médias à propos de la plus récente crise Anglophone au Cameroun – novembre 2016 à décembre 2018 – et qui perdure encore aujourd'hui. Cette crise fait partie d'une série de conflits ayant marquée le Cameroun depuis 1960. Elle en constitue l'un des épisodes les plus marquants, tant par le nombre d'acteurs impliqués et leur diversité que par ses enjeux.

Afin d'évaluer le traitement médiatique fait à ce conflit majeur, le discours produit à son propos, il nous a paru utile d'en explorer à la fois les idées maitresses et comment celles-ci se donnent à voir, ainsi que la part de non-dit. Il a donc fallu se pencher sur la substance des contenus autant que sur les procédés rhétoriques utilisés pour les mettre en valeur. Quinze articles, tirés de deux medias britannique – BBC – et français – RFI – ont fait l'objet de l'analyse. Nous avons eu recours à la framing theory qui permet de cerner les cadres – « frames » – du discours, c'est-à-dire ses dimensions principales et la manière dont celles-ci se déploient dans des textes notamment. Nous avons également employé des techniques d'analyse empruntée à l'approche de la critical discourse analysis. Une fois ces cadres mis en lumière, l'enjeu a consisté, dans une perspective postcoloniale, à dévoiler les rapports de pouvoir persistant, longtemps après la fin de l'épisode colonial, entre d'anciens colonisateurs et d'anciens colonisés. Plus précisément, notre projet a consisté à examiner les discours que tiennent ces médias, deux radios française et britannique en particulier, sur un conflit africain important de ces dernières années, la crise anglophone au Cameroun.

La méthode mise en œuvre dans le cadre de ce travail précise les règles de sélection qui ont dirigé la détermination du corpus d'articles sur lesquels portera l'analyse à suivre. Nous donnerons quelques précisions sur les médias desquels ces articles ont été tirés et sur la composition du corpus. Il sera enfin question de la procédure de recherche ou plus précisément de l'opérationnalisation de la question de recherche.

Lors de l'étude des textes, l'analyse portera sur deux dimensions : l'énoncé des causes supposées et l'évaluation du conflit, les solutions envisagées. Pour chacun des articles nous tenterons d'indiquer par une analyse de contenus s'il aborde un ou les trois aspects ci-dessous.

- **L'énoncé des causes supposées et l'évaluation du conflit**

S'il nous semble utile de comprendre à qui ou à quoi les deux magazines attribuent la responsabilité de la crise anglophone au Cameroun, c'est en raison de l'importance de cette dimension dans l'attribution des responsabilités. En identifiant les causes du conflit, les médias identifient également des responsables et du même coup laissent entrevoir des pistes pour mettre fin à cette guerre. Or, de notre analyse, il pourrait ressortir que les deux médias suggèrent en premier que la guerre congolaise survient naturellement, comme une catastrophe dont aucun acteur n'est responsable. Dans un deuxième temps, ils envisagent un responsable : Le chef de l'Etat camerounais. Ces deux explications sont identifiables à la lecture des titres des articles notamment, lesquels offrent incidemment une évaluation morale de la guerre, plus affirmée à travers l'usage régulier de certaines métaphores. Par convention, les titres donnent des réponses, ce faisant ils offrent aussi une évaluation morale[16].

- **Les interventions envisagées**

Les interventions et solutions nécessaires pour mettre fin à ce conflit ont, elles aussi, mobilisé notre attention. Elles alimentent de nombreux articles ainsi que nous le verrons. Causes et interventions (ainsi que les évaluations morales implicites ou explicites), constitueront les principales dimensions de l'opérationnalisation du concept de « substantive frame ». Afin d'en cerner les significations et de dire ce qui est visé à travers l'utilisation de certains frames, pour les besoins de l'analyse, nous avons emprunté ici aussi des outils techniques de la *critical discourse analysis*, en l'occurrence ses trois stades d'analyse, ce qui nous a permis d'explorer les relations de pouvoir cachées derrières les textes.

---

[16] Entman, 2004, P29

- **Les interlocuteurs**

Les interlocuteurs ou les sources qui s'expriment dans les articles ont fait l'objet d'un examen. L'approche de la *critical discourse analysis* et l'approche postcoloniale suggèrent en effet que les acteurs qui ont accès à la parole sont souvent ceux qui disposent du pouvoir et par l'accès aux lieux de parole, le renforcent davantage. En s'intéressant aux personnes qui s'expriment et selon quelles modalités, il s'agissait de déterminer comment des logiques de reproduction du pouvoir sont à l'œuvre. Nous avons donc identifié les acteurs cités et ceux qui le sont peu ou pas du tout, la fréquence à laquelle ils le sont, la place qui leur est accordée et la valorisation de leurs propos. L'accent a été mis sur les acteurs qui s'expriment et non ceux dont il est question.

- **Le corpus**

L'analyse portera sur des articles consacrés à la crise anglophone au Cameroun depuis novembre 2016 publiés par deux médias ; l'un britannique, BBC, et l'autre français, RFI. Tous ces articles ont été publiés entre le 19 novembre 2016 date la grève des enseignants et des avocats en zone anglophone et le 15 février 2019, date de la suspension à titre provisoire des villes mortes par les leaders séparatistes.

Au total, il s'agira d'examiner 15 articles ; 7 publiés par la BBC et 8 par RFI. Les articles ont été rassemblés suite à une recherche sur la base de données Lexis Nexis avec les mots clés « crise » et « anglophone », recherches menées en français pour RFI, et anglais et en pidgin pour la BBC. Seuls les articles traitant principalement de la crise anglophone ont été retenus. Ont par conséquent été écartés les articles dans lesquels la crise anglophone était incidemment évoquée, les petits articles informatifs longs de quelques phrases (brèves). Nous avons privilégié les articles dits de fond, afin de ne retenir que les contenus pour lesquels les journalistes ont, à l'évidence, consacré du temps. Notons que les articles de notre corpus ne correspondent à aucunes des grandes catégories de genre journalistiques, à savoir l'information d'un côté et le commentaire de l'autre. Ils se situent dans une zone grise entre les deux.

Il convient de signaler que le corpus ici retenu aura été le dernier d'une série de corpus envisagé au fil des mois.

Ce choix était guidé par le souci de disposer d'un matériau représentatif des orientations politiques dans deux contextes différents, représentants deux pays ayant mené les expériences coloniales parmi les plus importantes au cours des deux derniers siècles.

Les articles de la BBC sont longs en moyenne de 750 mots, avec deux notables exceptions :

Deux articles faisant partie d'un dossier consacré à l'Afrique comptent chacun environ 3000 mots. Pour tous les articles, les auteurs sont soient au Cameroun soient au siège à Londres. La tonalité générale des articles mêle l'information et l'analyse. Des descriptions côtoient l'analyse et un effort de mise en perspective. La BBC aura publié deux fois plus d'articles au cours de la période du 1er octobre 2017 au 1er Octobre 2018.

La longueur des articles de RFI varie entre 200 et 600 mots. Un seul article compte plus de 1000 mots. Les noms des auteurs de ces articles ne sont pas donnés aux lecteurs. Ici également, analyse et informations sont entrelacées. Au début du conflit, RFI établit son record d'articles consacrés à la crise anglophone.

Il convient de noter la disproportion entre les deux corpus et la relative importance accordée par la BBC à la crise anglophone par rapport à RFI.

Le choix des Les radios BBC et RFI est motivé par le souci de cerner les points de vue et les pratiques discursives dominants dans le discours médiatique dans les contextes britanniques et français. Ces médias choisis dans le cadre de cette étude sont dans leurs contextes respectifs, mais aussi en dehors, pour des sources d'informations crédibles et respectées, particulièrement en matière d'informations internationales.

Notons qu'à l'issue de notre recherche, l'un et l'autre offraient le corpus le plus étoffé dans leurs contextes nationaux. Dans le cas français, France 24 et TV5 Monde, deux des principaux concurrents de RFI en matière d'actualité internationale, ont consacré à peine une poignée d'articles à la crise anglophone. Cette limitation entraîne que les deux médias ici analysés sont tous deux réputé de droite, ce qui ne va pas sans poser le problème de représentativité de leurs opinions et de la validité de quelconques généralisations des conclusions de ce travail. On peut cependant considérer que la quasi absence de contenus significatifs sur la crise anglophone dans les autres médias, notamment ceux dits de gauche, dévoile un désintérêt face à ce conflit. Une telle absence – et plus largement toute absence – renseigne sur ce qui, dans ces médias, est jugé peu ou pas digne d'intérêt. Dans le cas anglais, la BBC propose à la fois le plus grand nombre d'articles et le suivi le plus régulier de l'actualité internationale. A l'exception de la BBC, aucun autre hebdomadaire britannique ne propose de traiter en priorité que l'actualité internationale. Ce qui le classe dans une catégorie à part qui justifie à notre sens de l'avoir choisi.

1) BBC

BBC World Service est un des diffuseurs de programme radio les plus connus, émettant en 28 langues à travers le monde. Le service anglophone diffuse 24 heures sur 24. En juin 2014, la BBC a indiqué que son service mondial avait une audience hebdomadaire de 191,4 millions de personnes (76 millions pour la télévision, 65 million pour la radio et 50 millions pour Internet). Le World service est financé par le gouvernement britannique à travers le Foreign and Commonwealth Office (ministère des Affaires étrangères). Le dirigeant actuel (depuis décembre 2014) de la BBC World Service est Fran Unsworth. Le but du service mondial de la BBC est « d'être la voix la plus connue et la plus respectée au monde apportant par là un profit à la Grande-Bretagne ».

Le gouvernement britannique a dépensé 239,1 millions de livres sterling en 2006 pour financer la station. Cette dépense fut justifiée en 1985 par le premier ministre Margaret Thatcher : selon le Hansard, journal du Parlement britannique, elle aurait répondu à une question qui lui était posée : « Le World service dépense chaque penny que nous y injectons en promouvant notre vision du monde et notre politique, cela a été fait dans le passé et cela continuera à l'être dans le futur ».

La BBC est une Société de la Couronne : elle est la propriété de l'État. Toutefois elle travaille indépendamment du Gouvernement. En effet, il n'y a pas de contrôle direct de celui-ci sur la BBC. Toutefois, le World Service promeut le point de vue britannique dans le domaine de la politique étrangère comme l'ont montré les exemples de la crise du canal de Suez en 1956, de la couverture de la guerre des Malouines en 1982 ou de la cession de Hong Kong à la Chine en 1997.

La BBC World Service peut être écoutée dans des parties du monde où les médias ne sont pas libres. Grâce à ses puissants émetteurs diffusant dans les langues locales, elle est parfois la seule source d'information indépendante dans certains pays. Cette stratégie a fonctionné, faisant d'elle un diffuseur écouté dans le tiers-monde et durant la guerre froide dans les pays d'Union soviétique ou d'Europe de l'Est. Toutefois, en 2005, la radio a fermé nombre de ses émissions en langues d'Europe de l'Est, y compris celles en polonais, pourtant populaires, afin de développer son service à destination du Moyen-Orient, à la suite d'un certain déclin depuis la fin de la censure dans ces anciens pays du bloc de l'Est.

Le World Service est écouté au moins une fois par semaine par 182 millions de personnes dans le monde (2007-2008). Après avoir connu une période creuse de 2000-2001 à 2003-2004, durant laquelle son audience passe de 153 à 146 millions de personnes, il connaît à partir de 2004-2005 une phase d'expansion. Le service mondial de la BBC est surtout écouté en Afrique, au Moyen-Orient et en Asie. En Afrique et dans le Moyen-Orient, le World Service est écouté par 86 millions d'auditeurs, il l'est par 79,1 millions en Asie et dans le Pacifique.

2) RFI

Le 6 janvier 1975, naît Radio France internationale (RFI), une entité du nouveau groupe Radio France. La radio est financée par la redevance audiovisuelle et le ministère des Affaires étrangères. RFI se tourne résolument vers l'Afrique, un choix qui se voit dans le lancement de la Chaîne Sud en 1975. Cette dernière diffuse quotidiennement 16 h de programmes en français et 1 h en anglais. Plusieurs émissions sont créées, telles que Carrefour, 24 heures en Afrique ou Mondial sport, mais une bonne partie des programmes provient des autres stations de Radio France. Rapidement, la radio rencontre l'adhésion des auditeurs, majoritairement des Africains et non des Français expatriés.

Le 1er janvier 1987, Radio France Internationale (RFI) devient une société nationale de programme indépendante, ne faisant plus partie du groupe Radio France, à la suite de la loi sur l'audiovisuel du 30 septembre 1986. Henri Tézenas du Montcel en devient le premier président. Il veut poursuivre le développement de la station en allant au-delà de la francophonie et en l'ouvrant sur l'Asie et le monde arabe. Ainsi les émissions en arabe sont rétablies en mars 1988. RFI signe un accord avec le japonais NHK en juillet, puis avec le chinois Radio Pékin en novembre, pour être diffusé en Asie-Pacifique, en échange d'une diffusion des radios asiatiques en Europe et en Amérique. En septembre, elle signe un autre accord avec Africa n° 1 pour utiliser un nouvel émetteur au Gabon. En parallèle, l'habillage de la station est modernisé : nouveau logo tricolore, nouvel habillage sonore et abandon de l'accordéon dans l'indicatif. Au printemps 1989, les manifestations de la place Tian'anmen poussent la radio à relancer sa rédaction en chinois.

Le 16 septembre 1996, Radio France Internationale (RFI) lance sa nouvelle grille de radio d'information en continu pour faire face à la concurrence des autres stations internationales. Des journaux de 10 minutes toutes les demi-heures sont entrecoupées de magazines de 20 minutes centrés sur l'actualité. La radio possède désormais deux chaînes : RFI 1, le service mondial en français qui passe de 18 éditions quotidiennes à 58, dont dix dédiées à l'Afrique ; et RFI 2 qui diffuse dans 17 langues près de 34 programmes quotidiens représentant 230 heures hebdomadaires. Pour marquer ce changement, RFI adopte un nouveau logo, rouge et blanc. Dans le même temps, la SOFIRAD cède RMC Moyen-Orient au groupe RFI. En janvier 1997, la station crée RFI 3 Musique, une chaîne qui diffuse un fil musical. En 1999, Ariel Hongrie est lancée avec 12 heures de programmes produits par RFI.

CHAPITRE 1: LA CRISE ANGLOPHONE AU CAMEROUN

La situation se dégrade sans cesse dans les régions anglophones du Cameroun. La communauté internationale s'inquiète d'un risque très élevé de guerre civile au vu des affrontements qui opposent les séparatistes d'une part et l'armée régulière d'autre part et de tous les autres foyers de tensions sociales qui naissent sur l'ensemble du territoire. Tout ceci n'est rien d'autre que l'aboutissement d'une rupture et d'une guerre d'égo qui s'expriment entre la communauté francophone, en exergue par le gouvernement et la communauté anglophone depuis le 1ᵉʳ octobre 1961, date de l'indépendance du Southern-Cameroon (Cameroun Anglophone), par ricochet de la réunification et de l'émergence d'une nouvelle classe politique. Dans le but de parvenir à une analyse performante du réel, nous avons procédé à la méthode historique qui consiste à assurer en s'appuyant sur un temps, peut-être artificiellement reconstruit, une continuité, une trame aux phénomènes afin de discerner les aspirations d'auto-détermination des contestataires anglophones dans le champ politique mondial si l'on ne la met pas en relation avec le sens que le mouvement de revendication et ses leaders lui attribuent.

1) De la création de l'Etat du Cameroun à l'émergence de deux communautés.

Il est important de rappeler que la création de l'Etat du Cameroun est le résultat de la conférence de Berlin de 1884 sur le partage de l'Afrique entre les puissances colonisatrices d'antant. Situé en Afrique centrale, au Cœur du golfe de Guinée. Avec près de 750 km² de superficie, le Cameroun sous protectorat allemand comptait parmi les plus grandes colonies de peuplement de la fin du XIXᵉᵐᵉ siècle. Buea, la ville au pied du mont Cameroun a été la capitale de cet Etat de 1901 à 1909. C'est l'éruption volcanique de cette montagne haute de près de 4100 mètres qui va contraindre les administrateurs coloniaux allemands à déplacer la capitale à Yaoundé (actuelle capitale du Cameroun). Toutefois, un événement international aura une incidence directe, fonctionnelle et structurelle sur la construction du jeune Etat : la première guerre mondiale (1914-1919). Dans le traité de paix de Versailles d'après guerre, l'Allemagne renonce à ses territoires d'outre-mer au rang desquels le Cameroun au dépend de la société des nations (SDN) et administré par la France dans sa partie orientale et l'Angleterre dans sa partie occidentale suite au condominium franco-britannique sur l'annexion du territoire en 1916. La création de l'Organisation des Nations Unies (ONU) en 1945 sur les cendres de la SDN ne va pas modifier le statut du Cameroun qui sera dès lors placé sous sa tutelle et administré dans les mêmes positions et les mêmes conditions par la France et l'Angleterre, sans un réel changement. Le vent des indépendances qui va souffler sur l'Afrique verra la naissance le 1er janvier 1960 de l'Etat indépendant du Cameroun oriental (francophone). Le Cameroun occidental (anglophone) à cette date est toujours une colonie administrée par l'Angleterre. Notons que le système d'administration indirecte en vigueur dans les colonies britanniques, octroie un certain nombre de compétences et d'autonomie aux collectivités locales contrairement au système d'administration directe pratiqué par la métropole française dans l'ensemble de ses colonies. Le Cameroun occidental sous tutelle britannique était composé de deux entités : Le Northern-Cameroon (partie nord) et le Southern-Cameroon (partie sud). Chaque entité avait ses représentants qui siégeaient au parlement de Lagos au Nigeria autre colonie britannique frontalière de près de 1800 Km du Cameroun occidentale. Le 1er octobre 1960, date d'accession à l'indépendance du Nigéria, le Cameroun occidental toujours sous administration britannique et « pris en Sandwich » entre deux Etats indépendants : le Cameroun oriental (francophone) indépendant depuis le 1er janvier 1960 et le Nigeria devenu indépendant dix mois plus tard, va enclencher ses négociations de libération de l'emprise coloniale par des démarches et des correspondances adressées au Secrétaire général de l'ONU et à la reine d'Angleterre. Pour le cas du Cameroun occidental, l'administration britannique va proposer à ceux-là même qu'on pourrait qualifier de « nationalistes » et qui étaient des représentants du peuple au parlement de Lagos de rallier soit le Nigéria où ils siégeaient déjà ou le Cameroun oriental auquel ils avaient été séparés depuis 1922 (date de création de la SDN). Les raisons avancées par l'administration britannique étaient entre autres une faible démographie de moins de cinq cent mille habitants et l'absence quasi des ressources naturelles pour en faire un Etat indépendant. Enclin de délibération et de représentativité hérité de la colonisation, le choix du rattachement à l'un ou l'autre Etat a été porté par un plébiscite organisé par l'ONU le 11 février 1961 à l'issu duquel la partie nord (Northern-Cameroon) va opter pour le Nigéria et la partie sud (Southern-Cameroon) va choisir le rattachement au Cameroun oriental. C'est donc au soir de la proclamation des résultats du vote de ralliement que va commencer ce long processus, encore inachevé, d'unité nationale emprunt de complexe, d'ego, de mode d'administration qui ne sont rien d'autre que l'héritage d'un passé colonial à deux vitesses.

2) La réunification, un contrat de dupe ?

Au lendemain du vote de février 1961, interviendront les conférences de Bamenda en juin 1961, Foumban en juillet 1961 et Yaoundé en août 1961 en vu de définir les bases de la réunification des deux Etats dans toutes ses composantes administratives et opérationnelles et de l'élaboration d'une constitution. Sauf qu'à ce niveau, le régime du Cameroun oriental (francophone) avait en guise de proposition « rédiger une constitution et n'attendait que la validation des délégués du Southern-Cameroon qui n'avaient pas le mandat de le faire sans avoir soumis au préalable les textes à l'attention de tous les représentants du peuple qui siégeaient à Buea », capitale du Southern-Cameroon. Mais à l'issue de cette dernière conférence, les deux parties ont donné leur accord de principe sur le fait de la célébration de l'indépendance couplée de l'acte de réunification le 1er octobre 1961. « Les autorités du Cameroun oriental s'y sont rendues avec un imposant contingent militaire pour une parade dans la ville de Tiko » situé à vol d'oiseau de Buea. Rappelons que « les soldats venus du Cameroun francophone pour la parade et les festivités de la réunification vont prendre positions dans les villes du Cameroun anglophone une fois le défilé achevé ». Cette date marque aussi la naissance de la République fédérale du Cameroun constituée de deux Etats fédérés respectivement le Cameroun oriental (francophone) et le Cameroun occidental (anglophone). On va assister dès lors à une cohabitation d'abord pacifique qui va rapidement se détériorer du fait des visions divergentes et des antagonismes apparents entre les leaders des Etats fédérés et des velléités d'hégémonie et d'assimilation très flagrantes du côté des leaders francophones. Certains leaders anglophones considérant la constitution pas du tout équilibrée et ne prenant pas en compte les spécificités du Cameroun occidental vont commencer à s'opposer aux mesures et décisions prises du côté de Yaoundé. Cette crise de confiance entre les leaders de la classe dirigeante va être au départ d'une série de tensions et de mesures d'inclusion pas toujours bien perçues dans la partie anglophone. Les complexes vont se développer dans les deux camps fragilisant ainsi le « vivre ensemble » et l'unité nationale. La forme de l'Etat sera sujet à discorde et connaitra plusieurs changements, à l'instar de la République unie en 1972 avec une nouvelle constitution, puis de la République du Cameroun en 1984 avec toujours plus de pouvoir et de prérogatives pour le chef de l'exécutif.

L'absence de démocratie, l'absence de rotation du pouvoir, la concentration du pouvoir par les francophones, les crises économiques, l'appauvrissement des populations, l'autonomie limitée des communautés, la corruption et la prévarication des membres du gouvernement au sein duquel les anglophones estiment ne pas être suffisamment représentés vont progressivement nourrir les velléités indépendantistes et renforcer les lignes communautaristes entre la majorité francophone et la minorité anglophone s'estimant marginalisée. Ce sentiment d'exclusion va davantage se renforcer du fait du déficit infrastructurel en zone anglophone, d'une faible représentativité des ses ressortissants dans l'administration et aux hautes fonctions de souveraineté. Déjà, les commémorations du cinquantenaire de la réunification initialement prévues le 1er octobre 2011 à Buea vont connaitre plusieurs reports jusqu'en février 2014 des suites du refus et du mécontentement des autorités traditionnelles et de certains acteurs de la société civile de la région du Sud-ouest. Pour les séparatistes, les spécificités liées à leur histoire ne sont pas prises en considération dans les institutions de la République et dans les institutions des communautés économiques régionales en Afrique centrale. Une forte présence des fonctionnaires francophones ne s'exprimant pas en anglais dans le sous-système anglo-saxon dans les domaines de l'éducation et de la justice a contribué considérablement à fragiliser et à discréditer l'administration auprès de la minorité anglophone. C'est dans ce contexte délétère que va germer de plus en plus l'idéologie d'autodétermination, voire d'indépendance entretenue par une minorité d'extrémistes d'antan disséminés dans les rangs de l'administration, de la diaspora et des organisations de la société civile.

3) Des revendications corporatistes à l'émergence d'un conflit ouvert

Tout est parti d'une manifestation des avocats et des enseignants du sous-système anglo-saxon le 19 novembre 2016 dans la ville de Bamenda situé dans la région du nord-ouest (partie anglophone) et fortement réprimandée par l'armée que la crise va s'enliser. Sous la houlette des acteurs de la société civile et de la diaspora, on va assister à une coordination stratégique et très amplifiée par les réseaux sociaux des actions de désobéissance civile à l'instar des villes mortes. Précisons que les réseaux sociaux vont être les moteurs des soulèvements dans la mesure qu'ils vont permettre aux contestataires de poursuivre leur lutte contre le régime en place. Les réseaux sociaux vont permettre de contrer la répression et maintenir le combat des manifestants au-delà des contraintes imposées par le gouvernement. Tout en appelant au dialogue, le gouvernement va procéder à des arrestations ciblées et à la coupure d'Internet dans les régions anglophones. C'est d'ailleurs la plus longue coupure d'Internet au monde jamais réalisé auparavant : 94 jours d'interruption volontaire d'Internet pour être plus exacte. Toutes ces mesures gouvernementales ne vont qu'aboutir à un durcissement et un pourrissement de la situation. Face au blocus maintenu dans l'ensemble des villes anglophones, le gouvernement va faire des concessions qui sont de plusieurs ordres. Notamment l'organisation de plusieurs concours spéciaux pour le recrutement des élèves magistrats et greffiers d'expression anglaise, l'introduction dans la formation de ces derniers de la « Common Law » qui est une spécificité de la juridiction anglo-saxonne, un recrutement spécial de plus de 1500 enseignants bilingues (anglais et français), la création des facultés de médecines et d'ingénierie dans les universités anglo-saxonnes, la création d'une commission chargée du bilinguisme et du multiculturalisme, le rétablissement d'Internet et la libération d'un bon nombre de contestataires contre la levée du blocus en vigueur dans cette zone. Mais le régime de Yaoundé va essuyer un échec face aux leaders de la contestation, puisque les intérêts seront portés à cette date vers le fédéralisme pour les modérés ou vers la sécession pour les radicaux. Le 1er octobre 2017, date anniversaire de l'indépendance du Southern-Cameroon et de la réunification, de facto choisie par les séparatistes pour la proclamation de la République fédérale d'Ambazonie (nom du Southern-Cameroon indépendant) sera le point culminant de la crise. On va assister d'abord à un impressionnant déploiement de l'armée camerounaise face aux civils qui osaient bravés l'état d'urgence instauré dans cette partie du pays, puis à l'arrestation au Nigéria et à leur transfert au Cameroun des autorités de la République imaginaire d'Ambazonie en janvier 2018. C'est alors que plusieurs milices armées nommées Ambazonia Defense Forces (ADF) vont entrer en scène avec pour cible l'armée régulière, les représentants de l'administration centrale et les civils qui continuent de faire allégeance au régime de Yaoundé en ne respectant pas les mesures édictées par les leaders de la contestation. Aujourd'hui, d'après les informations du Haut commissariat des nations unies pour les réfugiés, on recense près de deux cent mille refugiés et déplacés, et près de mille cinq morts. De nombreux villages dévastés par l'armée camerounaise dans cette partie du pays réputé de part son climat frais, ses terres arables, sa végétation abondante et les richesses de son sous-sol avec ses importants gisements de cobalt dans les vallées de la cordillère camerounaise, des gisements de pétrole et de gaz dans la péninsule de Bakassi. Ce bilan pourrait s'alourdir au regard du statu quo observé dans ce conflit.

4) D'autres pôles de tension

La crise anglophone s'est greffée à un tronc qui portait déjà des branches conflictuelles. Les exactions de la secte islamique Boko Haram dans la partie septentrionale du pays aux incursions des miliciens centrafricains dans la région de l'Est, le Cameroun en l'espace quatre ans, est devenu un archipel de crises et de tensions sociales. C'est près de deux millions de réfugiés des guerres des pays voisins : le Nigéria et la RCA en l'occurrence qui ont placé le pays dans une situation humanitaire d'extrême urgence

A ce contexte très délétère au cours de cette dernière décennie, notons tout de même le malaise généralisé dans l'ensemble du pays. Des prévisions annoncées pour l'émergence du pays à l'horizon 2035 par l'atteinte d'un taux de croissance de 7%, c'est sous la barre des 5% que l'économie du pays ne cesse de plomber. Si d'après les autorités, le chômage n'atteindrait pas les 2,5%, l'essentiel de la population active croupit dans les emplois précaires informels : 90% de la masse des travailleurs opèrent dans le secteur informel sans cesse paupérisé. Les jeunes ne parviennent plus à accéder à l'autonomie économique. A plus de 30 ans, bon nombre des jeunes vivent encore dans le domicile familial et parfois avec leurs enfants. C'est des millions de jeunes diplômés qui ne parviennent pas à accéder à un emploi et qui n'ont connu qu'un seul dirigeant qui constitue une poudrière, une bombe à retardement.

L'élection présidentielle du 7 octobre dernier, qui au gré des manigances des institutions en charge des élections et de la contestation de l'opposition assurent le maintien au pouvoir du président Biya âgé de plus de 85 ans et ayant passé 36 ans au pouvoir sonnerait comme la provocation de trop auprès de la jeune génération. Au cours de cette élection historique au vu du travail de l'opposition, des stratagèmes du parti au pouvoir qui a même suscité des candidatures dans l'opposition pour émietter et disperser les voix de la véritable opposition capable de garantir et d'assurer une réelle alternance politique. Le régime n'a ménagé aucun effort pour surfer sur la fibre identitaire pour stigmatiser certains candidats. Et tout ceci n'est pas sans conséquences, puisque le pays aujourd'hui est plus que jamais divisé autour de trois pôles : Du pôle des séparatistes anglophones qui ont réussi à maintenir le blocus depuis deux ans déjà au pôle de la minorité pro-régime, cette oligarchie mise en place depuis plus d'un demi siècle qui ne cesse d'entretenir tout type de corruption, de népotisme, de clientélisme, d'injustice, qui a installé des dynasties administratives pour maintenir les privilèges à une caste très minoritaire et détentrice du pouvoir absolu. D'ailleurs, l'essentiel des postes clés – de souveraineté – dans le gouvernement et dans l'armée sont occupés par ces derniers. Un troisième pôle, celui récemment constitué à l'issue de l'élection présidentielle suite à la reconnaissance de sa victoire au lendemain du scrutin du Professeur Maurice Kamto, ancien ministre et aujourd'hui membre de l'opposition depuis sa démission du gouvernement en 2011. Ce dernier a pu fédérer autour de sa candidature un ensemble de partis d'opposition, des organisations de la société civile, des groupes syndicalistes, du patronat et autre mouvement. Ses sympathisants qui ont fait des réseaux sociaux numériques une forte caisse de résonance, ont réussi le pari de la mobilisation, de la propagande et de la conquête du pouvoir par des réactions aussi démesurées que proportionnées aux attaques et menaces des thuriféraires du régime. Depuis le 26 janvier 2019, date des marches blanches lancées par la coalition autour de Maurice Kamto, ce dernier et plus d'une centaine de militants ont été arrêté manu militari et croupissent dans les geôles de la prison centrale de Yaoundé.

Si la conquête du numérique a donné une dimension inimaginable aux mutations sociales en cours au Cameroun, notons tout de même que plusieurs Startup fleurissent dans ce pays au cœur du golfe de guinée. La ville de Buea a même été rebaptisée *Silicon mountain* du fait de ces multiples centre d'incubation dans les métiers du numérique, rien de plus évident, puisqu'elle est une pièce du puzzle du vaste projet de « Siliconisation du monde » à travers l'expansion du libéralisme numérique pour une transformation sociale. La crise anglophone, la crise post électorale du fait de la contestation des résultats par l'ensemble des parties de l'opposition et par la reconnaissance de sa victoire par l'opposant Maurice Kamto classé deuxième, présagent le crépuscule d'une dictature à huis clos. C'est une nouvelle saison qui se met en place, certes avec ses spécificités et ses exigences mais aussi dans tout ce qu'il y a de nouveau au plan de la gouvernance, de la coopération et de la sécurité. Un dialogue inclusif et impératif participerait à désamorcer cet engin explosif en pleine constitution. L'envoi d'une force de maintien de la paix et d'interposition est de plus en plus envisageable. L'impératif d'un gouvernement de transition à courte durée et le recours aux instances internationales pour l'organisation d'une nouvelle élection crédible pourrait sauver le pays d'une éruption totale dont les conséquences déstabiliseraient l'ensemble de la sous région. Au cas contraire, ce régime, qui est sorti du mouvement linéaire de rotation du pouvoir risque d'entrer en collision avec toutes les forces vives démocratiques de la nation, férues d'alternance politique. Le statut quo conduirait indubitablement à la dégénérescence du régime – il va s'auto détruire – dans un contexte où tous les indicateurs socio-économiques et politiques sont au rouge. D'après Célestin TAGOU, universitaire camerounais, « tout corps, tout organe, toute organisation sociale, toute structure qui ne bouge pas, qui n'est pas dans une dynamique de renouvellement est voué à l'étouffement et à la mort » et le régime de Yaoundé est statique et ce depuis 1982.

CHAPITRE 2 : ANALYSE DU DISCOURS MEDIATIQUE DE LA CRISE ANGLOPHONE AU CAMEROUN.

1) Causes du conflit et évaluation morale

Afin d'établir à quoi ou à qui les magazines attribuent la causalité d'un évènement, il est courant de prêter attention aux titres des articles (Wall, 2007 ; Entman, 2004). Les titres, explique Entman, sont les lieux où, par convention, les médias donnent les réponses relatives à la causalité de l'évènement, ils sont aussi le lieu privilégié de cadrage (« framing' ») de l'information. En d'autres termes, ils en donnent la couleur principale, renseignent sur le ton de l'article et indiquent par conséquent ce qu'il faut en retenir. De manière générale, l'emphase marquée, l'indignation exprimée, la révolte affichée, le soutien offert dans le titre annoncent ce qui suivra dans le corps de l'article.

a) Les causes de la crise Anglophone selon BBC

Du mois d'août au mois d'octobre 2018, la BBC consacre six articles à la crise anglophone. Ce qui frappe dans les titres de ces articles c'est l'absence d'attribution des causes du conflit. La force passive est souvent employée. Tout se passe comme si, pour la BBC, cette crise survient comme d'autres faits du quotidien. Dans le premier article publié sur le site internet sur le sujet, elle annonce tout à la fois dans un article: "Cameroon's bloody-go-round »; et poursuit dans un autre : « Cameroon erupts, again » (BBC, 15 august 2018).

« Cameroon's bloody-go-round » suggère qu'une fois encore, comme par le passé, le Cameroun est engagé dans un autre bain de sang. Dès ce titre, le lecteur est invité à s'imaginer deux choses le sang et la répétition. Il lui est suggéré de comprendre qu'une fois encore un conflit sanglant va avoir lieu au Cameroun. L'article commence avec une prophétie attribuée au tout premier vice président de la République fédérale du Cameroun John NGU FONCHA. La BBC precise : « he often predicted that the end of his rule would bring chaos to his country. Now, just over a year after the world celebrated his removal, another eruption shaking Southern Cameroon ». Dès ses premières lignes, l'idée de l'éruption vient renforcer celle d'une fatalité contenue dans le titre, elle a d'autant plus de poids qu'elle est attribuée à celui qui précédemment dirigeait le pays. La BBC semble suggérer que de sa position privilégiée, elle pouvait prédire avec une certaine justesse le futur. L'article du site internet de la radio et télévision britannique retrace ensuite le retournement des séparatistes, autrefois leaders de la société civile et désormais déterminés à œuvrer pour l'autodétermination du Southern Cameroon. Dans ce premier article déjà, la BBC reproche au régime de Yaoundé de n'avoir pas suffisamment œuvré en faveur de l'unité nationale du fait des politiques d'exclusion. Accessoirement, le média britannique semble lui imputer la responsabilité du conflit.

Ce que le titre de cet article autant que son contenu écartent ou ne traitent qu'à la marge, c'est notamment les stratégies politiques et militaires autour de ce conflit. Le récit des raisons et des enjeux des opérations militaires. Cette référence à ce qui se répète ramène, on l'imagine, à une potentielle crise précédente. Pourtant ce qui caractérise la crise précédente au Cameroun (régions du Nord-ouest et du Sud-ouest) c'est moins un bain de sang que les marches en faveur du multipartisme dans les années 90. Dès lors, en suggérant dans son titre que la crise actuelle est un nouveau bain de sang (bloody-go-round »), la BBC réfère, à tort, à la crise précédente présentée, elle aussi comme un bain de sang.

Ce titre propose au lecteur un constat en guise d'explication : ce conflit ressemble au précédent. Et s'il n'y a point eu de précédent dans les régions anglophones, implicitement, le lecteur est renvoyé au Nigéria, au Soudan, au Sahara occidental, à tout autre conflit du même type en Afrique. D'autant plus que parfois des titres d'articles consacrés au Cameroun évoquent l'Afrique, comme si l'un et l'autre étaient synonymes. Trois articles en l'occurrence, dans notre corpus d'articles tirés du site internet de la BBC comportent le mot « Afrique » en lieu et place de « Cameroun » Le média propose: « war in the heart of Africa ». (BBC, 22 august 2118), puis « Heading for an African war » (BBC, 5 September 2018); et encore: « A continent goes to war », (BBC, 3 October 2018). La conflation entre un pays africain (le Cameroun en l'occurrence ici) et le continent africain repéré ici, est une pratique du discours colonial, capable d'embrasser d'un seul regard la diversité des territoires colonisés (David Spurr, 1993, p 100).

Ce conflit dans les régions anglophones du pays il est vrai, se déroule sur un seul heart of darkness de Joseph Conrad. Publié d'abord en 1899 à Londres en trois épisodes dans Blackwood's Magazine, In the Heart of Darkness paraît sous la forme d'une longue nouvelle en 1899. L'œuvre raconte le voyage dans un pays au cœur de l'Afrique (sans le nommer) d'un marin britannique. Le livre relate l'horreur et la sauvagerie d'un monde fort différent de l'Occident. L'antique postcoloniale le considère comme une des expressions les plus fortes du discours colonial. Plusieurs fois traduit et réédité, il fait l'objet de nombreuses exégèses (psychologiques, symboliques, mythiques) qui sont un témoignage de sa grande notoriété en même temps qu'elle l'alimente. Or dans un continent composé d'une cinquantaine de pays, il en faudrait sans doute bien plus que l'implication d'une poignée de pays dans une guerre localisée sur un seul territoire pour légitimement parler d'une guerre continentale. À l'examen, la synonymie proposée entre le Cameroun et l'Afrique obéît davantage au souci de proposer d'un continent diversifié une vision simplificatrice. Il s'agit de gommer les aspérités, de résumer en quelques images des phénomènes complexes, en rendre compte à l'aune de quelques références bien ancrées dans les esprits des lecteurs. De manière générale, l'analogie est d'autant plus efficace qu'elle fait partie de la culture populaire. Sur ce terrain, la BBC propose diverses variations autour d'une des œuvres les plus populaires de la littérature britannique et un canon de la littérature occidentale.

Dans la même édition, la première à faire état de la crise anglophone (BBC, 19 November 2016), le média anglais naturalise cette crise: « Cameroon erupts, again » écrit-elle. L'image qui s'impose à l'esprit est forcément celle de l'éruption d'un volcan, soudaine, violente, incontrôlée, inattendue, non provoquée, du moins pas par l'acte conscient d'un humain. Les éruptions volcaniques et par analogie ce conflit camerounais (et encore plus largement les conflits africains), n'ont pas d'histoire. Certes on peut en retracer l'évolution, mais elle n'aide qu'à saisir un enchaînement d'évènements qui ensemble, ont pu mener fatalement, à l'éruption. Chose qui, en dernière analyse ne l'explique pas. Elle survient, avec violence, sans qu'on l'ait vue venir. On peut certes prévoir l'une et l'autre, de peu, mais on ne peut guère les empêcher semble-t-elle laisser penser.

Dans une structure en divers points conformes à celles de l'article précédent, celui-ci s'ouvre lui aussi avec une référence à la précédente crise dans les régions anglophones, dont le présent conflit est la suite. La BBC écrit : « In what looks strangely like a rerun, Cameroon's ruler's threatened by a separatist movement (...). Suit un blâme sévère contre le régime de Yaoundé. « The Cameroon goverment has proved a disaster » écrit le média qui poursuit: « he has upset his citizen and former allies, who are now turning on him ». Enfin, le média trace les options envisageables pour la suite, estimant en résumé, tout à la fin de l'article que : « the outcorne of the separatist group that now seems threatened will be shaped by the men with guns flot by democracy ».

Point de causes, ni visibles ni sous-jacentes. Ou du moins, elles sont bien rarement évoquées et lorsqu'elles le sont, elles sont rarement mises en avant, tant dans les titres qu'en début d'articles. Le portrait proposé de la crise anglophone par la BBC fait référence, à six reprises seulement, à des causes fonctionnelles du conflit. Il est même plus exact de dire que le média décrit les enjeux géostratégiques de cette crise comme des catalyseurs plutôt que des causes. Le média britannique écrit par exemple : « Once in Cameroon, the interveners found commercial reasons to stay. The crisis has created huge business opportunities which have obscured its primary, political, cause. Hundreds of dodgy businessmen, mercenaries, arms dealers and security companies have corne to the region. » (BBC, 9 December 2018). Plus de deux ans après, le début de la crise anglophone, la BBC fait écho à Conrad sous le titre « In the heart of darkness » (BBC, 9 december 2017). Il y a ici la référence à des ténèbres (africaines) avec ses images d'horreurs et d'inhumanité dont Conrad s'est fait le narrateur il y a fort longtemps déjà et qui pour le lecteur résonnent avec une telle netteté que bien avant de lire l'article, il sait ou croit savoir ce dont l'article va lui parler. L'accent n'est pas mis ici sur la causalité. Elle ne préoccupe point, Il est question d'un état.

Dans les ténèbres de Conrad, la barbarie est permanente, la peur domine. Le risque pour l'étranger est considérable, Il peut à la fois perdre la vie ou devenir un monstre. Les ténèbres conradiennes c'est-à-dire un pays au cœur de l'Afrique, sont un monde de dangers et de perdition, de risques et de dépravation. En suggérant au lecteur de comprendre la crise anglophone sous le prisme de l'œuvre de Joseph Conrad, la BBC propose en peu de mots un discours aux facettes multiples dont quelques unes des affirmations peuvent se formuler comme suit : la crise anglophone est une plongée dans le summum de l'horreur. Ce qui s'y passe ne s'explique pas et ne peut pas s'expliquer aisément de manière rationnelle. La raison seule ne peut pas permettre de cerner ce qui s'y passe. Il faut, pour comprendre, référer à d'autres dimensions, à des mythes bibliques par exemple. Le pays au cœur de l'Afrique dont s'est inspiré Conrad et qu'il décrit sous la caractérisation des ténèbres au 19e siècle, le sont à nouveau, sur le même mode, pour la BBC, un siècle plus tard.

La référence à Conrad est en vérité omniprésente tant par l'utilisation de titres proches de son œuvre phare (war in the heart of Africa »), mais davantage encore par l'expression, dans les colonnes du site internet de la BBC, d'idées fortes et de structures de raisonnement présentes chez l'auteur de the Heart of Darkness. Comme dans l'œuvre de Conrad, la BBC réfère souvent au Cameroun sous l'angle du chaos et sous le signe du manque. Comme chez Conrad, le média évoque souvent le danger pour l'Occident de s'aventurer dans les régions anglophones. Cette permanence de l'analogie conradienne invite le lecteur à rester dans un imaginaire ancien, produit de la colonisation, à une époque ou pourtant la colonisation est achevée.

Au-delà de ce portrait du conflit dans les régions anglophones qui en fait un phénomène naturel, il arrive également que dans les colonnes du site internet de la BBC, comme dans celles de RFI précédemment, la responsabilité de cette guerre soit attribuée, de manière plus instrumentale que causale au régime de Yaoundé. En août, le média britannique estime que le régime de Yaoundé: « has achieved spectacular failure » (BBC, 29 August 2018), tant sur les plans économique que politique. Cette analyse porte sur la longévité du régime de Yaoundé depuis 1982 jusqu'au déclenchement de la crise anglophone en novembre 2016.

Pour la BBC, arrivé au pouvoir après la démission du tout premier président de la République du Cameroun post indépendance, « M. BIYA has proved a disaster. He committed himself to liberate politics, respect human rights, revitalise the economy and hold elections. In fact, he has diminished into an authoritarian tribalist, locking up his opponents, failing to implement promised economic reforms and alienating foreign investors and aid donors. He set out with a lot of international and national goodwill but, stubborn and incompetent, he has squandered it. His support base has been narrowed to his family, cronies and region. » (BBC, 6 September 2018).

Le procédé, utilisé plus haut, consiste une fois encore à cadrer (« frame ») des personnages en privilégiant certains de leurs traits, en relatant quelques aspects de leurs parcours, tout en mettant au premier plan leur commune incompétence, leur veulerie. Décrit une fois encore sous l'angle de ce qui leur manque, leur fait défaut, le régime mis en cause est détaché des contextes historiques au sein desquels il fonctionne. Rien n'est dit des soutiens locaux ou extérieurs dont il bénéficie par exemple. Des démocraties occidentales, américaines et françaises lui ont pourtant assuré de rester au pouvoir pendant plus de trois décennies. On n'en trouve aucune mention, dans son portrait proposé par la BBC, Aucun lien n'est fait davantage entre la violence des pouvoirs locaux (les milices séparatistes), avec la violence des pouvoirs coloniaux. Or un examen de la violence politique dans le contexte postcolonial ne peut s'interdire d'examiner le lien entre le présent et le passé.

Cette piste et bien d'autres, aisément envisageables, en particulier dans les colonnes d'un média réputé sérieux, familier des couvertures recherchées et documentées, a pour effet de ne pas gêner des pouvoirs divers. Ne pas envisager les causes de ce conflit dans l'histoire, dans les structures sociales, économiques et politiques, permet d'éluder d'embarrassants débats. De nouveaux regards pourraient être portés sur les rapports actuels et passés entre l'Afrique et l'Europe, mettant à jour les continuités.

b) Les causes de la crise Anglophone selon RFI

En se penchant sur les titres des douze articles consacrés par RFI, la crise anglophone est dans l'ordre des choses qui surviennent, à l'instar d'une catastrophe naturelle. Cinq titres d'articles sur les douze de notre corpus le suggèrent. A l'opposé, un seul titre laisse penser qu'un individu est responsable de la crise qui s'annonce et va se révéler très grave, le président camerounais en l'occurrence, Paul BIYA. Pour l'essentiel, les titres donnant une indication sur la causalité de cette crise sont ceux des articles publiés dès le début du conflit.

Trois semaines après l'entame de la crise, alors que presque toutes les régions du Nord-ouest et du Sud-ouest sont quasi contrôlées par les séparatistes anglophones, le reporter de la « radio mondiale », suggère que : « l'histoire bégaie » (Rfi, 22 septembre 2017). Dans le cœur de l'article, le journaliste qui se propose de raconter le point de vue de Camerounais ordinaires explique : « les habitants se souviennent avec terreur des massacres systématiques des combattants séparatistes ». Las, selon Rfi, de voir divers bandes armés se soulever et piller leur pays : « aujourd'hui – poursuit Rfi – les habitants de Bamenda regardent passer avec indifférence les séparatistes. »

Le titre autant que le corps de l'article se contentent d'offrir le regard que portent certaines populations camerounaises sur la guerre qui vient de commencer. Pour eux, si l'on suit le raisonnement de la radio mondiale dans cet article, cette guerre n'est jamais qu'une répétition d'une guerre précédente face à laquelle ces populations semblent impuissantes à agir.

Derrière cette analyse proposée au lecteur, on note l'absence de tout acteur. C'est encore le cas moins d'un mois après le début du conflit. La radio titre : « la situation dégénère » (Rfi, 03 octobre 2017). Avec l'entrée en guerre dans les jours précédents des forces de troisième catégorie opposés donc à des séparatistes, Rfi analyse : « dans ces régions anglophones, la guerre s'est désormais généralisée ». L'article s'ouvre avec une citation forte de l'ancien sud-africain Nelson Mandela mis en scène avec grand respect.
Rfi écrit : « Nelson Mandela, le vieux sage Sud- africain, l'avait prédit dès les premiers jours du conflit si on ne fait pas taire les armes rapidement, la guerre va dégénérer et la situation deviendra incontrôlable ».

Ici encore, tout concourt à laisser le sentiment que ce conflit est proche d'une fatalité dont nul ne peut être tenu pour responsable. Pourtant, les dernières phrases de l'article permettent d'envisager certaines des causes du conflit, précisément lorsque le média français estime : « Les séparatistes anglophones mettent leur plan à exécution en passant à l'offensive contre l'armée camerounaise ». L'enjeu économique et l'enjeu politique de l'entrée en guerre des parties belligérantes est fort clairement évoqué, mais de manière marginale. Ce qui domine tant dans le corps de l'article que dans son titre c'est le sentiment que la situation dégénère ».

Plus de deux semaines après cet article, le média français annonce cette fois une « menace d'incendie généralisée » (Rfi, 14 novembre 2017). Sous ce titre, suit un compte rendu du déploiement des troupes de l'armée camerounaise dans les villes de Bamenda, Kumbo, Manfé, Buea et Kumba en vue de combats bien plus importants que ceux auxquels ce conflit a donné lieu jusque-là. Ici encore, en plus de percevoir que rien n'est dit sur ce qui pousse à la guerre. Il ignore en tout cas « qui a pu poser » la bombe des régions anglophones dont parle Rfi.

Ce qui frappe dans chacun de ces articles, c'est le fait qu'ils se contentent plus souvent d'offrir une photo il est tour à tour question du regard que portent les populations des localités des régions anglophones, de la situation sur le terrain après l'entrée en guerre des forces de troisième catégorie, des préparatifs militaires en vue d'affrontement importants, mais à une exception près, fort marginale, il n'est pas question des raisons pour lesquelles, dans les titre de nombreux articles, la question de la causalité est éludée frappe également. La forme passive permet de ne pas attribuer la raison de la guerre, ou plus exactement elle permet de l'inscrire dans l'ordre des choses qui surviennent naturellement.

Lorsque quatre mois après le début de la guerre, alors que sur le terrain les combats se sont intensifiés sur diverses lignes de front, le média français parle de « moments difficiles » pour les populations des régions anglophones, (Rfi, 28 janvier 2018), une situation dont il ne semble pas préciser les raisons. Au tout début d'un très bref troisième paragraphe, d'autant plus mis en valeur qu'il est le plus court d'un long article, un professeur d'université camerounais, cité par Rfi suggère : « Nous sommes poursuivis par le destin. C'est une suite logique des événements ». Cette mise en valeur de propos aussi forts n'est pas anodine. Elle confirme ce que le lecteur perçoit dans le titre et lui suggère, en guise d'explication de la crise anglophone, des causes non humaines. Tant le titre de cet article que cet argument posé dans ses premiers paragraphes suggèrent cette causalité. Cette dernière a de bonnes chances, de dominer l'esprit du lecteur qui par la suite sera exposé à d'autres arguments certes, mais avec de grandes chances, désormais de les considérer comme des explications secondaires. Or la suite de l'article offre des éléments qui contrarient le regard mis en avant dans ses premières lignes.

Tour à tour en effet l'article fait une longue évocation des différentes phases de la crise. Enfin, plus loin dans le texte, trois paragraphes constituent l'exposé le plus complet, dans les colonnes du site internet du média français, d'une analyse des causalités qu'on ne reverra pas sur le site internet français à propos de la crise en régions anglophones. Rfi écrit : « A la tribune des Nations unies la semaine dernière, le ministre camerounais des Affaires étrangères a fait état de l'existence d'« individus sans foi ni loi » qui « ont cru devoir transformer » des « préoccupations socio-économiques en revendications sécessionnistes », des individus qui viseraient la désintégration de l'Etat en commettant « des actes terroristes ». (RFI, 2 octobre 2018)

Une seule fois, semble apparaître une autre tendance, marginale, dans l'établissement des causes de la crise anglophone. Elle est suggérée sous le titre: « Cameroun : les autorités camerounaises face aux séparatistes » (Rfi, 17 décembre 2018). La radio mondiale envisage la possibilité que le conflit ait été causé par les autorités camerounaises, qui à force d'indifférence face à la colère des populations, a entraîné les malheurs de la guerre. Cette tendance se retrouve dans le corps de quelques autres articles, incidemment. Le président camerounais et son entourage sont alors présentés comme un : « curieux cocktail où se mêlent longévité au pouvoir et corruption, absence de sens politique, démagogie et rouerie » (RFI, 28 novembre 2018).

Cependant, cette explication reste marginale. L'explication dominante n'est pas remise en cause. De plus, cette explication reste fort peu alimentée. Le propos est davantage un blâme dont la logique et la cohérence résistent peu à l'examen. Il faut relever, tout d'abord, la contradiction entre cette analyse avec celle, dominante, par l'anarchie. Or, nous l'avons dit, l'anarchie signifie que nul ne gouverne, nul n'est responsable. Or, en suggérant qu'un homme est le responsable d'un conflit où se battent plusieurs groupes et l'armée, le média français remet en cause son explication par l'anarchie développée à propos de la même crise anglophone. Mais il est vrai que les médias ne tiennent pas toujours un discours monolithique.

Reste que, outre cette contradiction, l'analyse mettant en cause un seul individu en guise d'explication de la guerre souffre de quelques autres insuffisances. Le parcours du mis en cause, régime de Yaoundé, qui selon la radio mondiale est corrompu, anti-démocratique, dénué de sens politique, invite à nuancer le jugement. Meneur d'un contre coup d'Etat en 1984, il a ensuite survécu aux mouvements en faveur du multipartisme dans les années 90 et aux émeutes de la faim en 2008. Le régime de Yaoundé depuis 1982, date de la prise de fonction en tant que Président de la République de Paul Biya a jusqu'ici survécu aux mouvements et velléités d'autodestruction. Il n'est pas donné au premier venu de mener un régime pendant plus de 35 ans, d'instruire à nouveau ces collaborateurs pour d'autres défis lors desquelles d'autres perdront la vie, d'éviter les désertions, le découragement, le renoncement, d'établir pour ces collaborateurs et autres alliés un plan de bataille politique d'abord et de préservation des acquis, qui ensuite est respecté, tant bien que mal, et qui ultimement mène au renversement et à l'effondrement de tout autre acteur concurrent d'un pouvoir en place depuis trente cinq ans, soutenu de toute évidence par des puissances étrangères.

À l'évidence, autant l'assimilation de la crise anglophone dans les colonnes du site Internet de Rfi à un phénomène naturel permet d'historier le conflit, d'évacuer les probables implications, bref d'offrir un cadre (« frame » cohérent qui s'inspire d'une des dimensions du discours colonial selon lequel, l'Afrique n'a pas d'histoire, autant la mise en cause du seul régime de Yaoundé, fondée sur un portrait dont on peut douter de la logique, semble appartenir elle aussi à une autre dimension centrale du discours colonial, la description des Africains par le manque. Une des procédures rhétoriques consacrées sous la colonisation et dont la continuation est ici visible, consiste à définir les colonisés africains sous la figure du manque, du défaut, de l'incomplétude (Mbembe, 2001, p 9). Au régime de Yaoundé il manque, selon la radio mondiale, les valeurs démocratiques, le dialogue, le sens politique. Rien de ce qu'il possède ne fait partie du portrait qui est offert de lui. Il est possible en effet de le décrire également comme un brillant planificateur, un organisateur compétent, un gestionnaire doté de quelques aptitudes. On peut légitimement suggérer en effet que le fait d'avoir su maintenir un régime pendant plus de 35 ans malgré moult rebondissements peut lui valoir ces qualificatifs.

Les comptes rendus offerts par Rfi sur la crise anglophone, tout en suggérant les causes du conflit, véhiculent une évaluation morale. Le plus souvent, celle-ci est visible dans l'emploi des métaphores. Fin novembre 2017, la métaphore est biblique lorsque le site internet de la radio mondiale suggère « la descente aux enfers des populations vivant dans les régions du Nord-ouest et du Sud-ouest anglophone » (Rfi, 28 novembre 2018). L'article, citant un Camerounais, parle de cette crise comme d'une « malédiction ». L'image suggère la douleur et le malheur, la guerre étant pour les Camerounais comme pour d'autres un moment pendant lequel les souffrances sont grandes. Reste que, en proposant pour la crise anglophone une lecture morale focalisé sur cette seule dimension, le regard proposé au lecteur classe dans une catégorie propre.

2) La crise anglophone au Cameroun, un phénomène naturel

L'analyse des titres des articles de notre corpus suggère, pour ce qui est de l'évocation des causes du conflit, que dans la majorité des cas, les deux médias n'attribuent pas à un acteur ou à des causes particulières l'origine de la crise. Celle-ci semble davantage être un état, un fait de nature qui intervient de temps à autre, sans raison singulière. La crise anglophone, telle qu'elle apparaît dans les titres de la BBC et de RFI, appartient à la famille des catastrophes naturelles qui se produisent régulièrement et dont les médias rendent compte.

De manière marginale, les deux médias blâment le régime de Yaoundé dont la gouvernance incompétente et la longévité aurait entrainé la guerre. Les portraits de Paul BIYA s'offrent sur le mode de la négation (« absence de sens Politique », « mal gouvernance »...).

D'autres causes, économiques ou politiques et bien moins souvent ethniques sont évoquées dans les journaux, mais de manière très marginales, en retrait par rapport aux autres aspects. Ce faisant, c'est la possibilité même de tout discours rationnel et cohérent qui est écartée. Ce qui nous semble important de mettre en lumière, c'est non pas la véracité ou la gravité des faits rapportés, mais l'absence d'alternative explicative dans le discours médiatique.

Cette naturalisation de la guerre, qui dans le cas d'autres conflits africains se déploie par l'évocation de facteurs ethniques comme ce fut le cas à propos du Soudan notamment (Wall 2007 ; Myers et Klak, 1996 ; Sylva et Wyly, 2001), est une dimension fondamentale du discours colonial sur l'Afrique en particulier et sur le monde colonisé en général. Certes, dans le discours analysé ici, le facteur ethnique apparaît fort peu, mais la structure du raisonnement n'en n'est que plus directement liée à ce qui semble être le facteur explicatif originel, le caractère naturel de la crise anglophone.

Le raisonnement selon lequel ce conflit n'est ultimement qu'un phénomène naturel se situe plus largement sur un axe qui oppose nature et culture et dont on trouve diverses évocations dans la littérature de l'époque coloniale. Les zones du monde qui n'appartiennent pas à l'ère occidentale se meuvent par la force des choses, elles sont naturelles, primitives, sauvages. Ce qui compte dans ces sociétés, dit en résumé le propos colonial, c'est le rapport de sang, naturel. Dans la propagande coloniale française en Afrique par exemple, expliquent Blanchard et Bancel (1998, p15) : « les notions abstraites de « tribus », « races » « ethnies » renvoient au mythe d'une anarchie immémoriale ». A l'opposé, toujours selon cette propagande, les peuples d'Occident seraient de leur côté civilisés et cultivés. Ania Loomba note que cette «dichotomie manichéenne » est justement ce qui structure la relation coloniale (Loomba, 1998, p105). Ainsi se justifie, sur le plan moral et en toute logique, la « mission civilisatrice » française, euphémisme révélateur sous lequel se cache l'entreprise coloniale.

La guerre dans le monde non occidental, pour les besoins de l'entreprise coloniale, est décrite comme un phénomène qui ne s'explique pas rationnellement. C'est une dimension de ce monde lointain. Une dimension permanente de la colonisation et aujourd'hui encore, tout au moins selon le discours développé en Occident. David Spurr note à propos de la guerre qu'elle passe ainsi pour un phénomène naturel hors des frontière de l'Occident: « in the logic of this discourse, events in the Third World, caught up in endless cycles of bloodshed, lie beyond any principle of rational causation, a condition which prohibits realistic hope for the future (...) as nature is substituted for history, human conflict becomes an inherent feature of landscape» » (Spurr, 1993, pp 166-1 67).

On retrouve ici également l'opposition suggérée par Hall pour qui, dans la construction du soi au sein de toute société, tout se passe comme si, en même temps, il y a une construction de l'Autre, qui servira de miroir et qui sera tout l'opposé du soi. En clair, si ailleurs et en Afrique en particulier, les guerres n'ont pas de causes rationnelles, c'est sans doute parce qu'en Occident, elles en ont toujours. De la guerre du Péloponnèse à celle des Etats-Unis contre l'Irak, la guerre menée en Occident ou par les Occidentaux est rationnelle et compréhensible. Le point de vue qui privilégie des causes naturelles dans l'explication de la guerre développe donc un discours essentialiste. Ce qu'il renforce en mêlant au discours explicatif une « imagerie apocalyptique » (Spurr, 1993, p 166), où l'on retrouve les thèmes de « l'enfer », de la « malédiction » et des « ténèbres » notamment. Des références qui ici encore ont un lien et une histoire coloniales.

3) L'évaluation morale de la guerre dans les régions du Nord-ouest et du Sud-ouest

Cette évocation des causes de la guerre dans le propos des médias porte sur ces conflits une évaluation morale. Cette évaluation est bien souvent véhiculée dans les titres des articles. L'examen des métaphores les plus fréquentes, employées dans la caractérisation des faits ou des personnes offre lui aussi le moyen de cerner cette évaluation. Dans les colonnes du site internet de RFI tout autant que dans celles de la BBC, la crise anglophone fait l'objet d'une évaluation par le biais de l'utilisation de métaphores bibliques notamment. Cette évaluation est plus régulière et tranchée chez BBC. Dès le début de la crise, le média britannique envisage que: « the result of ail this is liable to be a further fragmentation of Cameroon's politics, and the spread of local armies rooted in tribal loyalties. And that, as Liberia, Somalia and Sierra Leone have shown, is hell ». L'enfer de la guerre entre tribus, vécu ailleurs déjà en Afrique selon la BBC, guette désormais le Cameroun. Ce qui lui fait dire, à propos de ce pays : « the prospect s bleak » ; ou encore : « a war in Cameroon is a ghastly prospect» (BBC, 29 August 2018).

Ayant constaté début octobre que la guerre « consume » l'Afrique (BBC, 3 October 2018), le média britannique relève vers la fin du mois que : « the upsurge in fighting, sucking in countries that are not really enemies of one another, is accompanied by intense dipiomatic activity (BBC, 24 Octobre 2018). Il convient de noter, dans la description qui précède, que les combats n'opposent pas simplement des pays ayant choisi l'option de la guerre au détriment d'une autre, mais ils semblent s'imposer à eux puisque ceux-ci y sont en quelque sorte entraînés (« fighting sucked in countries »), alors que, précise BBC, ces pays ne sont, de surcroît, pas ennemis (« are flot really enemies »). Tout se passe comme si, sur ces pays, la guerre a un pouvoir d'attraction bien plus grand que leurs liens d'amitiés.

L'idée selon laquelle cette guerre donne lieu au chaos domine souvent dans BBC. En mars, le magazine parle de « outward signs of chaos » (BBC, 20 mars 2018), dans une guerre « confuse » (BBC, 26 juin 2018), qui après avoir attiré des bandes armées hétéroclites « has become chaotic, often a localised scramble for bot, mainly gold and diamonds. » (BBC, 26 June 2018). BBC dépeint une situation désespérée, face à laquelle « neither an army of peace-makers, nor peace itself, is hikeiy to reach Cameroon any time soon » (BBC, 20 May 2018). C'est selon le média britannique, « a treacherous mire » (BBC, 20 May 2018).

Ce que suggèrent les extraits qui précèdent, c'est une scène de quasi fin du monde, telle qu'envisagée dans de très nombreux films : chaos, confusion, pillage, cris, pleurs, sang, mort. Rien qui suggère des batailles entre groupes armées, des officiers donnant des ordres, cartes en main, devisant sur des plans de combats. Rien qui laisse penser que les soldats engagés dans ce conflit, armes en main, tentent d'atteindre des cibles quelconques. Rien qui indique un but, un plan, des tournants, des victoires, des défaites. Le portrait est celui d'un monde dont nul ne voudrait faire partie, d'un désordre qui ne fait point sens. Tout indique qu'il n'y a d'ailleurs pas de camps. On tue, on meurt à tout hasard, sans raison particulière. Ainsi décrite, la crise anglophone ne peut pas se prêter à une discussion sur la guerre juste par exemple. Ce n'est point une guerre, mais le chaos, la confusion, la mort, le sang. La question de son bien fondée n'est finalement pas justifiée puisque cet « enfer » n'a pas de fondement.

Deux ans après le début du conflit, BBC juge avec pessimisme que : « Cameroon is a serious setback for efforts by the United Nations and others to help Africa solve its wars » (BBC, 3 October 2018). Le pays pourrait bien être « beyond salvation, for now » (BBC, 3 October 2018), conclut le média britannique avec tristesse. D'autant plus que: « a recent United Nations report described Cameroon's Anglophone crisis as one of the world's worst humanitarian crises, affecting some 2 millions people. The legacy of greed ».

Le mot central des extraits qui précède est salut (salvation »). La métaphore biblique, une fois encore, sert à envisager la crise anglophone comme un fait singulier, étrange. Elle complète le raisonnement qui, au départ, avait comparé la guerre dans les régions du Nord-ouest et Sud-ouest à une plongée au cœur des ténèbres. Le raisonnement proposé au lecteur, sensible à l'imaginaire religieux chrétien, est simple : pour les damnés condamnés à l'enfer (de la guerre), la seule solution est le salut (extérieur).

Les problèmes actuels du Cameroun, tels que décris par la BBC, se situent à la suite d'une longue histoire de malheurs. Une histoire que le média britannique résume en peu de mots: « For most of history it was a blank on the map, luring in the greedy and unwary, was first pillaged by the slave kingdoms and foreign slavers; then by predators looking for ivory, rubber, timber, copper, gold and diamonds. That sparked the imperial takeover of Africa by Europeans at the end of the 19th century. (BBC, 3 October 2018). Ce qui frappe ici c'est à la fois l'allusion du Cameroun comme un espace vide sur une carte (« blank on the map »), qui séduit en usant d'artifices (« luring in »), les voraces et les imprudents. De cette description, il découle alors naturellement ce qui suit : le pays fut tout d'abord pillé par les royaumes esclavagistes (africains on l'imagine), puis par des marchands d'esclaves étrangers. Vinrent des prédateurs en quête d'ivoire, de caoutchouc, d'or et de diamants. Le récit, condensé et rapide, semble suggérer qu'en cette terre de malheurs anciens, une guerre de plus n'est finalement que logique. Autrement dit, au lecteur qui serait tenté de se poser des questions quant aux origines et aux raisons de ce conflit, il est suggéré qu'au Cameroun, ainsi vont les choses depuis toujours. BBC suggère ainsi qu'il n'y a, en définitive, rien ou si peu qui puisse être fait. La trame de l'histoire camerounaise se limite, selon le média, à une série de malheurs résumés en quelques formules savoureuses. On n'imagine mal le même média présentant ainsi l'histoire de l'Angleterre par exemple, dont l'histoire n'est pas avare de conflits armés.

Certes, BBC juge que: « Cameroon's war is horrible and complex » (BBC, 29 August 2018).

Comme souvent, reviennent l'enfer et les calamités, après le déluge et l'horreur. Reprenant Conrad, le média avait déjà suggéré il est vrai qu'au Cameroun, nous sommes « au coeur des ténèbres » (BBC, 3 octobre 2018). Les cadres (« frames ») du discours sont récurrents et sans cesse rappelés. Il importe, de préciser que l'enjeu n'est pas de nier les souffrances engendrées par les guerres de manière générales, moins encore celles qui accompagnent la crise anglophone dont il est ici question. Ces souffrances sont réelles et restent dans une large mesure indicibles. Ce qui nous intéresse ici cependant c'est la logique du discours médiatique qui les résument sur le mode du mythe, référant à une imagerie d'apocalypse destinée non pas seulement à traduire la réalité, mais aussi à lui donner une résonance particulière. De plus, les récits réguliers de ces souffrances dont on n'indique pas les raisons suscitent surtout de la compassion face à ce qui s'apparente à une fatalité propre à l'Afrique et pour laquelle nul n'est vraiment responsable. Ainsi que l'analyse Bourdieu, parlant de l'image que donne du monde les journaux télévisés, de tels récits constituent en définitive

« une succession d'histoires en apparence absurdes qui finissent par toutes se ressembler (...) suites d'évènements apparus sans explication, disparaitront sans solution, aujourd'hui le Zaïre, hier le Biafra, et demain le Congo, et qui, ainsi dépouillés de toute nécessité politique, ne peuvent au mieux susciter qu'un vague intérêt humanitaire » (Bourdieu, 1998, p 83).

La référence à l'enfer, aux « ténèbres », aux « explosions », à des « éruptions » contribue à ranger cette guerre dans une catégorie à part; celle des crises inexplicables, rationnellement incompréhensibles, des conflits de sauvages datant d'une période si lointaine qu'il faut en appeler aux récits bibliques pour tenter de les rendre lisibles. À ces conflits il manque la logique et la rationalité propres aux conflits d'Occident. Dans l'évaluation de la crise anglophone, réapparait implicitement la dichotomie propre au discours colonial. D'un côté il y aurait les conflits d'Occident ou menés par l'Occident et qui se déroulent autour d'enjeux moraux tels la liberté, ou l'instauration d'une forme de gouvernement jugée meilleure (la démocratie); de l'autre côté on trouverait des conflits comme celui des régions anglophones, sans enjeux ni projets où l'on s'entredéchire férocement.

En résumé, tout se passe comme si les conflits d'Occident seraient de bons conflits et ceux d'Afrique — dont celui qui sévit dans les régions du Nord-ouest et Sud-ouest — de mauvais conflits. La crise anglophone, telle que décrite dans les deux médias qui ont fait l'objet de notre analyse manque de logique, de cohérence, de précision. Le vocabulaire employé pour la décrire fait référence au « chaos », à la « confusion », à la « complexité ».
Comment dès lors sortir du « chaos » des régions anglophones? La question, au début de la crise préoccupe assez peu les deux médias qui font ici l'objet de notre analyse. L'un et l'autre média suggèrent cependant des pistes à mesure que le conflit avance. Les efforts qu'entreprennent des acteurs extérieurs au conflit en vue d'y mettre fin donnent l'occasion aux deux médias de dire leurs préférences. Ils vont nettement en faveur d'une intervention des pays occidentaux, seuls capables de « sauver » le Cameroun.

4) La crise anglophone, une analyse des solutions proposées par les radios RFI et BBC

Depuis la fin de l'année 2016, le Cameroun fait face à un conflit dans les deux régions du nord ouest et du sud ouest, avec à l'origine, une grève des magistrats et des enseignants dont les revendications sont similaires. Pour les premiers il n y a pas des versions en langue anglaise de certains textes de loi pourtant importants dans l'exercice de leurs fonctions. En plus, ils considèrent que pour une meilleure application de la *Common Law*, la nomination des magistrats francophones dans les juridictions anglophones ne permet pas la reconnaissance du système juridique anglophone. Quant aux seconds, ils protestent contre la dominance du français et l'engagement des enseignants francophones dans sous système éducatif anglophone.

Un peu plus de deux ans passé, le problème persiste et va grandissant. Ce qui à l'origine était des revendications syndicales et sectorielles, a muté vers un conflit national, avec d'un coté les mouvements sécessionnistes qui revendiquent l'indépendance des deux régions anglophones pour créer un état indépendant, l'Ambazonie, et de l'autre, le gouvernement camerounais pour qui le Cameroun est un et indivisible. Cette entrée en jeu de la radicalisation des mouvements sécessionnistes a contribué à complexifier les solutions de sortie de crise.

Pourtant, les médias tant nationaux qu'internationaux, investis désormais du rôle de constructeur de la paix, proposent des solutions de sortie de crise. C'est le cas de deux radios internationales. L'une, RFI est d'expression française et de culture francophone, et l'autre, la BBC est d'expression anglaise et de culture anglo saxonne. Chacune de ces radios proposent des solutions de sortie de crise, soit à travers des papiers, soit en donnant la parole aux acteurs politiques, religieux et sociaux. Nous nous proposons de faire une analyse des solutions préconisées par chacune de ces radios. Pour ce faire, nous avons constitué un corpus à partir de certains de leurs papiers et programmes respectifs, dont Mémoire d'un continent et Invité d'Afrique pour RFI, et des articles parus sur le site internet de la BBC.

Pour résoudre la grave crise dans l'ouest anglophone du Cameroun, plusieurs solutions fusent. Il faut une initiative politique pour ouvrir un débat national autour de la forme de l'état camerounais, qui puisse combiner les deux systèmes politiques de façon équilibrée, de sorte que les mœurs politiques et culturelles de chaque groupe soient reconnues et préservés. Ce qui pourrait déboucher soit sur le statut quo, soit sur le retour au fédéralisme d'antan, ou à défaut, à la mise en œuvre de la décentralisation ou de la régionalisation. Par la suite, une bonne gestion de la question des langues à travers une organisation et une application efficaces du bilinguisme pour un vivre ensemble harmonieux.

a) De la nécessite d'un dialogue national sur la forme de l'Etat au Cameroun

L'Etat du Cameroun a connu plusieurs formes, legs de ses colonisateurs. D'abord protectorat allemand sous occupation allemande, puis pays sous tutelle de la SDN dont l'administration a été confiée conjointement à la France et au Royaume uni après la défaite allemande lors de la première grande guerre. Une fois les indépendances du Cameroun francophone et du Cameroun anglophone proclamées, les deux parties décident de se mettre ensemble pour former la

République Fédérale du Cameroun avec deux états : le Cameroun anglophone et le Cameroun francophone.++ Ce fédéralisme prendra fin en 1972, où, lors d'un référendum, le territoire deviendra la République Unie du Cameroun, qui sera rebaptisée en 1984, la République du Cameroun. La constitution de 1996 consacre le Cameroun comme un état unitaire décentralisé.

Avec la persistance du conflit dans les deux régions anglophones, le débat sur la forme appropriée de l'état est plus que d'actualité. C'est ainsi que toutes les personnes ressources que la BBC et RFI ont fait intervenir sur leurs antennes évoquent comme point de départ à toute solution à la crise anglophone, l'initiative d'un dialogue franc, inclusif et complet au niveau national, avec toutes les forces vives, sur la forme de l'état qui serait la mieux appropriée pour satisfaire les spécificités de chacune des personnalités politiques pour un meilleur vivre ensemble.

En effet, à RFI, le 21 septembre 2018, le Pr. Maurice Kamto était l'invité de Christophe Boisbouvier dans le cadre de l'émission Invité d'Afrique. Pour lui, « C'est le dialogue des Camerounais qui donnera la forme du débat. Et notre engagement est de consigner cela dans la Constitution une fois que les Camerounais l'auront approuvée ». Monseigneur Samuel Kleda est du même avis. Invité d'Afrique du 25 décembre 2018, il propose : « la solution, pour nous, je crois que c'est de toucher réellement les causes de cette crise, que les Camerounais acceptent de s'asseoir pour parler de ce qui fait problème, de ce qui les divise en ce moment, pour mettre le doigt sur le vrai problème, et nous engager, nous Camerounais, à le résoudre ». Également, pour le cardinal Christian Tumi, « tout le monde a quelque chose à dire, il faut les écouter. […] Même si les autres préfèrent un fédéralisme, qu'on en parle, pour voir ce qu'il y a de mieux pour tout le monde ». Enfin, le Pr. Pierre Kame Bopda, invité d'Elikia M'Bokolo le 29 avril 2018, dans le cadre de l'émission mémoire d'un continent, indique : « pour en sortir, il faut une initiative politique pour qu'on essaye de débattre notamment sur la forme de l'état ». Selon le rapport 2017 de l'ICG analysé par RFI, il faut un dialogue de haut niveau sur des solutions durables au problème anglophone.

La BBC quant à elle, en appelle au dialogue dans l'unité, à travers des propos d'acteurs nationaux et internationaux. C'est ainsi que la SG du commonwealth en visite au Cameroun le 20 décembre 2017, « invite les Camerounais à préserver la paix et l'unité et à privilégier en toute circonstance le dialogue ». De même, le 1er octobre 2018, le conseiller spécial de l'Onu sur la prévention du génocide, Adama Dieng, a invité les deux parties à se mettre autour d'une table et dialoguer pour mettre fin au conflit. Pour Joseph Antoine Bell, intervenant le 6 juillet 2018, il faut combattre démocratiquement la sécession et les sécessionnistes. Les leaders religieux, réunis autour du cardinal Christian Tumi, invitaient les indépendantistes et le gouvernement à l'ouverture « d'un dialogue franc, inclusif et complet pour mettre fin au conflit ».

b) De la forme de l'Etat comme solution probable de sortie de crise

De l'avis de beaucoup d'observateurs, la nécessité d'un dialogue national sur la forme de l'état qui conviendrait le mieux à tous les camerounais serait le point de départ pour une sortie de crise dans les régions anglophones du Cameroun. Cependant, les points de vue divergent quant à la forme de l'état à adopter, entre le retour au fédéralisme d'avant 1972, la décentralisation ou la régionalisation.

En effet, pour le Pr. Kamto, il serait prématuré de déterminer s'il c'est le fédéralisme qui sied, la décentralisation ou la régionalisation. « Je ne peux pas, […] donner par anticipation le résultat du dialogue. Voilà pourquoi depuis quelques temps, je n'ai plus dit très clairement si j'étais favorable au fédéralisme ou à la décentralisation. C'est le dialogue des Camerounais qui donnera la forme du débat ». À l'issue de ce dialogue, plusieurs scénarios sont possibles : le statut quo, le fédéralisme, la décentralisation ou la régionalisation. En outre, il pense qu'il ne faut pas s'accrocher aux mots. Car, « quelques fois dans le cadre de la régionalisation, le degré d'autonomie est parfois plus poussé d'ailleurs que dans certaines formes du fédéralisme. Il y a des Etats régionalisés où, lorsque vous examinez le contenu de la régionalisation, on est parfois au-delà du fédéralisme ». Et il prend à témoin l'Espagne, ainsi que quelques régions d'Italie.

Le cardinal Tumi ne va pas par quatre chemins, et comprend d'ailleurs les craintes du pouvoir central qu'il tente de rassurer : « L'autorité centrale du Cameroun dit le Cameroun reste un et indivisible, mais l'argument des anglophones, c'est la séparation qui est une division ».Or, « le fédéralisme n'est pas une division d'un pays ». Si le système actuel a montré ses défauts, « il n'est pas le seul non plus. Nous voyons les exemples dans le monde où des Etats fédérés marchent, progressent bien ».

Le Pr. Bopda qui se met dans la peau d'un anglophone, bien qu'étant de culture francophone, il faut avant tout reconnaitre qu'il existe un problème anglophone, et ne pas le réduire à un problème de langue. Car, dit-il, « on ne peut pas entreprendre de résoudre un problème dont on ne reconnait pas l'existence ». En effet, la forme actuelle de l'état ne permet pas un plein épanouissement des anglophones qui se sentent marginalisés. Dans leurs revendications, il faut voir le retour au fédéralisme, le refus de l'effacement institutionnel de leurs mœurs socio politiques qui a muté vers l'expression d'une exigence politique, ne pouvant se concevoir que dans le cadre d'un état fédéral. Cette vision a d'ailleurs contaminé certains intellectuels et responsables francophones qui considèrent que beaucoup de problèmes de gouvernance que connait le Cameroun francophone peuvent être résolus à travers cette forme institutionnelle. En remontant dans l'histoire des institutions en Afrique, le continent a connu des états qui ont eu une longue vie. Ces derniers n'ont jamais fonctionné sur le modèle d'un état centralisé. C'était des fédérations d'unités diverses (états, provinces, régions…) et donc la possibilité d'inventer sa propre configuration politique, en s'appuyant sur son histoire et sur notre infrastructure sociale, demeure, non pas toujours continuer de « dormir sur la natte des autres ». Mettre ainsi fin au processus de tâtonnement institutionnel dans lequel les pays africains sont engagés.

Toutes ces interventions sont pour une solution de sortie de crise qui va dans le sens de la préservation de l'unité du Cameroun. « Puisse que le fait essentiel qui est l'unité du Cameroun, semble être partagé par tous ». Bien qu'il y ait des extrémismes qui demandent la séparation, ce sont des groupuscules minoritaires. « La majorité des anglophones veulent qu'on retourne là où on était, c'est-à-dire au fédéralisme. Ils ne veulent pas la séparation, pas du tout », indique le cardinal Tumi. Certes le Cameroun est un et indivisible, même sous la fédération, il l'a été. Mais l'autorité centrale fait tout son possible pour maintenir savamment la confusion, évacuer ainsi la forme de l'état lorsqu'on invoque le fédéralisme, au motif que poser ce problème serait indirectement mettre au devant de la scène, la sécession du Cameroun. Pourtant tel n'est pas le cas.

c) De l'organisation efficace du bilinguisme

La prise en compte de la question de la langue est primordiale dans la gestion de la crise anglophone au Cameroun. Le Cameroun a hérité non seulement de deux systèmes politiques, mais aussi de deux langues, relevant de deux cultures : le français et l'anglais. Certes ces deux sont officiellement les langues de travail au Cameroun, mais il y a comme un déséquilibre dans la pratique du bilinguisme qui fait problème.

Les causes immédiates du conflit portent sur les revendications des avocats et des enseignants qui veulent que certains textes de références juridiques soient rédigés en anglais, ce qui n'était pas le cas ; que la langue française ne soit pas dominante dans le sous système éducatif anglophone. En fait, ces revendications viennent remettre en cause la mise en œuvre du bilinguisme au Cameroun. La création, en janvier 2017, de la Commission Nationale pour la Promotion du Bilinguisme et du multiculturalisme, est une réponse dans le sens de la prise en compte des revendications du collectif des avocats et des enseignants des régions anglophones, par les pouvoirs publics. Mais problème est beaucoup plus profond. Car pour les anglophones il y a un déséquilibre dans la gestion du bilinguisme. Mieux, selon Pierre Kame Bopda, « la mise en œuvre du bilinguisme a été en quelque sorte un échec ». Beaucoup de textes de l'état sont en français et non en anglais. Et beaucoup de responsables juridiques francophones en zones anglophones n'utilisent pas la Common Law, pourtant reconnue dans les juridictions anglophones pour les procédures d'instruction. Ce qui accentue le sentiment de marginalisation auprès des populations anglophones qui considèrent qu'ils sont obligés d'être bilingues pour s'intégrer et l'inverse n'est pas valable pour les francophones.

CONCLUSION

La problématique de ce travail conçoit le discours médiatique comme une construction de la réalité. Son ambition a consisté, par l'exploration de propos tenus par deux médias sur la crise anglophone au Cameroun en cours depuis novembre 2018, d'en offrir une interprétation à la lumière du rapport colonial passé entre l'Afrique et l'Occident. En se penchant sur le contenu de quinze articles tirés des sites internet du média britannique BBC (sept articles) et du média français RFI (huit articles), nous avons tenté de mettre en lumière précisément comment ces deux médias analysent les causes de la crise anglophone et l'évaluation morale qu'ils en proposent, les interventions qu'ils jugent capables d'y mettre un terme et les interlocuteurs auxquels ils donnent la parole. En s'intéressant à ces trois dimensions, nous tentions d'identifier les idées centrales autour desquelles s'organise le discours de ces deux médias sur la crise anglophone au Cameroun. Il s'agissait, en d'autres termes d'identifier les cadres (« frames ») dominants de ce discours.

Notre travail démontre que les deux médias dont les articles ont fait l'objet de notre analyse, procèdent plus souvent à la naturalisation des causes de la crise anglophone. La crise anglophone au Cameroun, telle qu'elle apparaît dans les titres de BBC et de RFI, appartient à la famille des catastrophes naturelles qui se produisent régulièrement et dont les médias rendent compte. La référence à l'enfer, aux « ténèbres », aux « explosions », aux « éruptions » contribue à ranger cette guerre dans une catégorie à part ; celle des conflits inexplicables, rationnellement incompréhensibles, des conflits sauvages datant d'une période si lointaine qu'on recourt aux récits bibliques pour tenter de les rendre lisibles. Accessoirement, un acteur particulier, le président Paul Biya est identifié comme principal responsable du conflit. Ces enjeux sont de plus positionnés en net retrait par-rapport à la présentation de la crise anglophone comme un phénomène naturel.

L'évaluation morale proposée de la crise anglophone est tout à la fois contenue dans la manière de le neutraliser, mais elle est encore plus explicite à travers l'utilisation fréquente de métaphores bibliques qui classent ce conflit dans la catégorie des guerres rationnellement incompréhensibles et pour lesquelles il faut faire appel aux mythes. Ici réapparait implicitement la dichotomie propre au discours colonial : d'un côté il y aurait les conflits d'Occident ou menés par l'Occident et qui se déroulent autour d'enjeux moraux comme la liberté, ou l'instauration d'une forme de gouvernement jugée meilleure (la démocratie) ; de l'autre côté on trouverait des conflits comme celui dans les régions anglophones du Cameroun, sans enjeux, ni projets où l'on s'entre déchire dans une orgie de violence. Notre analyse a permis d'établir également que la solution la plus envisagée par les deux médias à la crise anglophone est celle qui verrait des modèles et des pays occidentaux en faiseurs de paix.

Enfin, en nous intéressant aux interlocuteurs qui ont accès à la parole dans notre corpus d'articles, ce qui frappe c'est l'absence de la parole des belligérants, de celle des victimes ou de spécialistes de politique africaine tous capables d'enrichir le regard sur la crise anglophone. L'omniprésence des journalistes nous est apparue comme un trait dominant de cette dimension.

L'analyse ainsi menée nous a permis de faire appel à l'approche postcoloniale afin de faire sens des dimensions mises en lumière. Cette approche nous a permis d'envisager ces trois dimensions à la lumière du rapport colonial. Nous avons tenté de déterminer que dans une large mesure, la naturalisation de la crise anglophone, le fait d'envisager l'intervention occidentale comme seule susceptible de la résoudre, tout autant que la domination exercée dans l'attribution par les journalistes des deux médias analysés sont des traits dont la théorie postcoloniale permet de rendre compte avec une grande pertinence. Autrement dit, la naturalisation de la crise anglophone au Cameroun, l'image d'apocalypse qui l'accompagne, la solution d'une intervention occidentale pour y mettre fin ou l'absence dans les articles des voix des acteurs en conflit ou de voix discordantes constituent des dimensions révélatrices et productrices à la fois de la persistance du rapport et de pouvoir colonial. Ces traits, entre autres, mis en lumière par la critique postcoloniale obligent à considérer que la fin de l'épisode coloniale en Afrique il y a bientôt un siècle n'a pas marqué celle d'un discours produit par un certain rapport de pouvoir et en vue de le maintenir.

Cette interprétation veut contribuer à renforcer un postulat central de l'approche postcoloniale. Cette dernière estime en effet que la colonisation européenne de vaste territoires d'Asie, d'Amérique et d'Afrique qui s'étale entre le 16ᵉ siècle et le milieu du 20ᵉ siècle fut tout à la fois une entreprise de domination militaire, politique, économique et discursives. Le projet colonial s'est justifié, légitimé et mis en œuvre par le biais d'un processus discursif qui à son tour a été enrichi et renforcé par celui-ci. Le discours aura été à la fois l'expression, le masque et le révélateur du projet colonial. La fin de l'épisode colonial n'a pas marqué celle du discours colonial. Il persiste aujourd'hui encore. Le débusquer permet de mettre en évidence la persistance d'un rapport inégal entre des anciens colonisateurs et d'anciens colonisés. Un rapport de domination politique des premiers sur les seconds. Notre travail a tenté de mettre en lumière la persistance d'un tel rapport entre le Cameroun et d'anciennes puissances coloniales (France et Grande Bretagne).

Sur le plan personnel, au terme de ce travail, certaines intuitions nous ont semblé fondés, d'autres restent bien plus difficiles à maintenir. Si dans notre esprit, cette immersion dans des contenus produits par les médias a permis d'articuler une critique fondée sur les propos, progressivement le caractère ouvert des différentes interprétations possibles a constitué un défi et même une source d'anxiété permanente. Il nous apparaît désormais que notre analyse permet de répondre à certaines questions (celles que nous nous sommes posées en l'occurrence), mais en soulèvent de nombreuses autres et suggèrent diverses limites de l'approche que nous avons déployée.

Ainsi, en travaillant sur deux médias seulement, il va de soi que nous n'avons pu couvrir qu'une partie de la variété des couvertures possibles de la crise anglophone au Cameroun par la presse de France et de Grande Bretagne. En se penchant sur la seule crise anglophone, nous nous sommes également privés de la possibilité de tenir compte des différences possibles dans la couverture d'autres conflits africains. Enfin, si la critique postcoloniale s'avère productive, elle nous permet seulement de faire sens de certaines dimensions. Ce qu'elle tente d'expliquer, ainsi que nous l'avions dit, par la persistance d'un rapport de type colonial. Elle laisse peu de place aux autres explications possibles qui elles aussi peuvent rendre compte de la présence de certaines dimensions dans le discours des deux médias analysés sur la crise anglophone au Cameroun.

Dès lors, on peut souhaiter que d'autres recherches sur la couverture des conflits africains se penchent sur un plus grand nombre de conflits, examinent davantage de médias et avancent sur des pistes auxquelles notre travail se limite à faire allusion.

BIBLIOGRAPHIE

Ashcroft, Bill; Griffiths, Gareth and Tiffin, Helen (2000). Post-colonial studies: the key concepts. London. Routledge.

Bhabha, Homi (1994) The location of culture. London, Routledge.

Braeckman, Colette (2003b). Les nouveaux prédateurs. Politique des puissances en Afrique central. Paris. Fayard.

Blanchard, Pascal et Bancel, Nicolas (1998). De l'indigène à l'immigré. Paris. La Découverte-Gallimard.

Bourdieu, Pierre (1998). Contre-feux. Paris. Raisons d'Agir

Carruthers L. Susan (2004). Tribalism and tribulation, media constructions of "African savagery" and western humanitarianism in the 1990s. In Allan, Stuart et Zelizer Barbie. Reporting war: journalism in wartime. London. Routledge. Pp155-172

Childs, Peter and Williams, R. J. Patrick (1997). An introduction to postcolonial theory. London. Prentice Hall.

Che Guevara, Ernesto (2001). An African Dream: the Diaries of the Revolutionary in Congo. London. Harvill Press.

Entman, Robert M. (2004). Projections of power, framing news public opinion and U.S.

Fairclough, Norman (1989). Language and power.

Gamson, W.A. and A. Modigliani (1989). "Media Discourse and Public Opinion on Nuclear Power: A constructionist Approach" American journal of Sociology 95 (1): 1-37

Gandhi, Leela (1998). Postcolonial Theory: a critical introduction. Edinburgh.

Galtung, Johan and Ruge, Marie Holmboe. 1965. "The Structure of Foreign News". Journal of Peace Research, 2(1): 64-91.

Goffman, E. (1974) Frame Analysis: An Essay on the organisation of Experience. New-York, NY: Harper & Row.

Hall, Stuart (1997) "The Spectacle of the Other : representation, cultural representations and signifying practices. London. Sage.

Hawk, Beverly (1992). Africa's media image. Praeger.

Helmore, Kristin (1995). ABC de la presse écrite. Nouveaux Horizons.

Iyengar, Shanto (1991). Is anyone responsible? How television frames political issues. Chicago. Chicago University Press

Iyengar, Shanto (1996). "Framing Responsibility for Political Issues". Annals of the American Academy of Political and Social Science. Vol. 546 pp. 59-70

Koenig, Thomas. Frame Analysis: Theoritical preliminaries, in http://www.lboro.ac.uk/research/mmethods/resources/links/frames

Mbembe, Achille (2001). De la Postcolonie. Essai sur l'imagination Politique dans l'Afrique contemporaine. Paris. Karthala

Mbembe, Achille (2006). "Qu'est-ce que la pensée postcoloniale" in Esprit.

Myers, Gareth; Klak, Thomas et Timothy Koehl (1996). "The inscription of news difference: news coverage of the conflicts in Rwanda and Bosnia". Political Geography. 15(1), 21-46.

Romonet, Ignacio (1999). La tyrannie de la communication. Paris, Gallimard.

Saïd, Edward (2003). Culture et impérialisme. Paris. Fayard/Le monde Diplomatique.

Silva, Julie A. and Wyly, Elvin (2001). "Between Africa and the Abyss: Globalization, Media, and the Invisibility of a Continent". The Geographical Bulletin 43(1), 36-46.

Spurr, David (1993). The rhetoric of empire: colonial discourse in journalism, travel writing and imperial administration. Durham and London. Duke University Press.

Wall, Melissa (2007), " an analysis of news magazine coverage of the Rwanda crisis in the United States", in Allan Thompson, The Media and the Rwanda Genocide. Ottawa. IDRC. PP 261-273.

ANNEXES

Annexes 1 : corpus Rfi

Cameroun: la crise anglophone inquiète les Etats-Unis

Par <u>RFI</u> Publié le 06-12-2018 Modifié le 06-12-2018 à 17:06

Le secrétaire d'État américain adjoint aux Affaires africaines, Tibor Nagy, fait savoir que les États-Unis sont fortement préoccupés par la crise anglophone au Cameroun. En octobre dernier, le président camerounais Paul Biya a été réélu pour un septième mandat sur fond de crise dans les deux régions anglophones du Nord-Ouest et du Sud-Ouest. Des affrontements entre armée et séparatistes ont lieu quasiment tous les jours.

« *La crise en zone anglophone s'accentue de jour en jour* », affirme le secrétaire d'État américain adjoint aux Affaires africaines. « *Si aucune solution n'est trouvée rapidement,* ajoute Tibor Nagy, *nous craignons une radicalisation dans les zones anglophones qui pourrait accroître le soutien dont bénéficient les extrémistes* ».

Il faut que le gouvernement ouvre le dialogue réitère Tibor Nagy. « *Les États-Unis appellent au dialogue entre les deux partis, afin de trouver un compromis, comme par exemple une certaine forme de décentralisation dans les zones anglophones. La Constitution du pays prévoit une certaine forme de décentralisation et un peu plus de contrôle local pour chacune de ses régions. Mais cette Constitution n'est pas entièrement mise en application. Je suis très inquiet, et je crains que la situation ne s'aggrave si une solution n'est pas rapidement trouvée.* »

Un appel qui jusqu'à présent est resté lettre morte. Lors de sa prestation de serment le mois dernier, le président Paul Biya a demandé aux séparatistes anglophones de déposer les armes. Et de « *retrouver le droit chemin* ». Sans aucune allusion à de quelconques négociations.

Quant à la conférence générale des anglophones – organisée par les différents leaders religieux fin novembre – et destinée à apporter des solutions à cette crise, elle a dû être reportée, faute d'avoir obtenu l'autorisation de l'administration.

Crise au Cameroun anglophone: vers de prochaines libérations

Par <u>RFI</u> Publié le 15-12-2018 Modifié le 15-12-2018 à 10:50

Au Cameroun, le tribunal militaire de Yaoundé a confirmé, vendredi 14 décembre, la prochaine libération de personnes poursuivies dans le cadre de la crise anglophone. Cette annonce fait suite au décret de jeudi dernier annonçant l'arrêt des poursuites contre 289 individus incarcérés.

Cette audience, au tribunal militaire de Yaoundé, aura été expéditive. A peine vingt minutes et la centaine de personnes qui étaient poursuivies devant cette juridiction n'ont pu s'empêcher d'exprimer leur joie en chantant alors qu'elles regagnaient pour quelques heures encore leur cellule pour les formalités liées à leur libération.

Chez les avocats aussi, l'heure était au soulagement. « *Aujourd'hui, tout le monde était là pour attendre que le tribunal militaire mette en application la décision de mise en liberté de certaines personnes qui étaient poursuivies devant la juridiction militaire du Cameroun*, explique l'un d'eux à RFI. *On a ouvert le bal devant ce tribunal militaire de Yaoundé, de la région du centre, on va le faire dans d'autres régions du Cameroun.* »

Geste de détente

Spécialement venu de Douala pour assister à l'audience, Anicet Ekanè, président de Manidem, un parti politique d'opposition, a lui aussi tenu à saluer ces libérations qui participent, de son point de vue, à détendre la crispation autour de cette crise : « *Les gens sont contents de ce geste de détente, je trouve que ça participe à planter le décor d'une solution globale politique de cette crise. Il y a une crise du pays mais qui concerne les régions du nord-ouest et du sud-est. Vous savez, la crise anglophone, comme on l'appelle, stresse tout le pays.* »

Pour Maximilienne Ngo Mbé, directrice du Réseau des défenseurs des droits humains en Afrique centrale (Redhac), présente également au tribunal militaire de Yaoundé, le geste du président ne suffit pas pour régler la crise qui secoue la région anglophone. « *Pour nous, c'est déjà quelque chose qu'il faut saluer. On pense qu'il y a au moins mille personnes qui croupissent dans les prisons.* [Mais] *nous sommes arrivés à un stade de la crise où on ne peut plus parler de dialogue, il faut discuter. Il faut au préalable, d'abord, que le chef de l'Etat mette en place un comité restreint où on va exclure tous les fonctionnaires qui ont été incompétents. Il fallait discuter aussi avec le groupe d'Ayuk* [du nom du leader séparatiste], *leur demander qu'est-ce qu'ils veulent, quel est le problème ?* » Pour Maximilienne Ngo Mbé, c'est une simple question de démocratie.

A l'ONU, la crise au Cameroun anglophone n'est pas la priorité

Par <u>RFI</u> Publié le 02-10-2018 Modifié le 02-10-2018 à 02:40

Le dossier camerounais a presque été absent des discussions, à l'Assemblée générale des Nations unies. A quelques jours des élections, la situation dans le nord du Cameroun ou même dans le Cameroun anglophone n'a pas fait partie des crises à l'agenda, au grand dam des ONG. Mais côté onusien, on dit rester préoccupé, notamment par la crise dans le Cameroun anglophone, et on assure être disponible pour travailler avec les autorités camerounaises pour trouver une résolution pacifique à ces crises.

A la tribune des Nations unies la semaine dernière, le ministre camerounais des Affaires étrangères a fait état de l'existence d'« *individus sans foi ni loi* » qui « *ont cru devoir transformer* » des « *préoccupations socio-économiques en revendications sécessionnistes* », des individus qui viseraient la désintégration de l'Etat en commettant « *des actes terroristes* ».

Plusieurs ONG camerounaises et internationales avaient tenté de mobiliser les médias la semaine dernière, alors qu'aucun évènement spécifique ou rencontre bilatérale n'étaient prévus par les Nations unies. « *On est très loin de la politique prônée par le secrétaire général de prévention des conflits* », déplore un activiste. « *Les Nations unies nous ont répondu clairement qu'ils ne feraient rien avant les élections* », ajoute-t-il.

« *Avant les élections, c'est difficile, les autorités camerounais ne sont pas prêtes à recevoir ou à entendre qui que ce soit sur ces questions* », confirme un diplomate africain, même s'il dit redouter les conséquences à moyen et long terme, y compris sur les pays voisins du Cameroun.

Du côté du secrétariat général de l'ONU, on dit pourtant « *rester préoccupé par la situation dans les régions anglophones du Cameroun et par l'impact de cette violence sur la population civile* ». Interrogée par RFI, l'ONU dit faire part de sa disponibilité pour « *travailler avec les autorités camerounaises pour trouver une résolution pacifique à cette crise* » et appelle aussi « *toutes les parties à respecter les droits de l'homme et le droit international humanitaire et à faciliter un accès humanitaire sans entraves* », notamment dans le nord-ouest et le sud-ouest du pays.

Libération de prisonniers au Cameroun anglophone: du «saupoudrage» pour les ONG

Par RFI Publié le 17-12-2018 Modifié le 17-12-2018 à 13:01

Au Cameroun, le tribunal militaire de Yaoundé a confirmé, vendredi 14 décembre, la prochaine libération de personnes poursuivies dans le cadre de la crise anglophone. Mais selon l'ONG Un monde d'avenir, cette décision ne traduit pas de changement de fonds dans la politique de Paul Biya.

Le 13 décembre, la présidence camerounaise a annoncé que Paul Biya avait décidé de l'arrêt des poursuites engagées contre 289 détenus de la crise anglophone. Les personnes graciées et détenues dans six prisons camerounaises devaient être libérées dès le lendemain.

Malgré les retards dans la libération effective, l'ONG Un Monde Avenir s'est félicitée de cette décision. Toutefois, l'organisation regrette que cette mesure ne soit qu'un « *saupoudrage* » et que l'attitude du gouvernement à l'égard de cette crise anglophone n'ait pas changé sur le fond.

« *Cela permettait à quelques personnes de retrouver enfin la liberté, ce qui n'est pas une mauvaise chose du tout mais nous avons été renforcés dans notre observation regrettable que le gouvernement n'a pas du tout l'intention de trouver une solution à un problème qui perdure depuis deux ans*, explique Philippe Nanga, le coordinateur d'Un Monde Avenir. *Nous sommes restés confrontés à l'idée que l'emprisonnement restait l'option choisie par le gouvernement du Cameroun, notamment dans le cas de la crise anglophone. Cette mesure pour nous était un saupoudrage. Elle ne permettait pas malheureusement d'aller vers les options de ce problème que nous déplions depuis plusieurs années maintenant* ».

« Aujourd'hui ce qui est demandé au gouvernement, c'est la relaxe pure et simple de l'ensemble des personnes détenues dans les prisons du Cameroun dans le cas de cette crise, poursuit-il. *Ces personnes-là sont jugées à plus d'un millier, selon les chiffres avancés par les populations qui ont vu se faire déporter plusieurs personnes de leurs villages de leurs villes, dans les prisons de Bafoussam, de Douala, de Yaoundé, de Buea et de Bamenda »*.

Crise au Cameroun anglophone: le Nigeria sécurise sa frontière

Par RFI Publié le 25-10-2018 Modifié le 25-10-2018 à 06:18

Au Nigeria, la situation sécuritaire se dégrade de jour en jour à la frontière avec le Cameroun. Essentiellement dans l'Etat de Cross River, à l'extrême sud-est du pays. Ce mardi 23 octobre, une opération militaire a été lancée. Appelée «Le Sourire du Crocodile III», elle doit durer un mois et vise à lutter contre le trafic d'armes et le recrutement de mercenaires par les indépendantistes camerounais. Recrudescence de vols, kidnapping, trafic d'armes... Les combats dans les deux régions anglophones du Cameroun ont des conséquences directes de l'autre côté de la frontière, dans l'Etat de Cross River.

Les rapports font état d'une dégradation de la sécurité. *« Le commandement militaire a identifié environ 27 routes terrestres différentes à la frontière entre le Cameroun et le Nigeria,* nous explique Chritian Ita, le porte-parole du gouvernorat. *Nous assistons à une prolifération du trafic d'armes sur ces routes, en raison de la guerre qui a cours dans le sud du Cameroun. Il y a également une augmentation des cas de kidnapping. Les rapports indiquent également que les insurgés viennent recruter des combattants au Nigeria, majoritairement des jeunes gens qui servent de mercenaires pour la lutte sécessionniste camerounaise »*.

L'opération militaire lancée ce mardi, doit durer un mois. Plus de 800 hommes ont été déployés dans l'Etat de Cross River. Une grande majorité de militaires ainsi que des agents des services de l'immigration et des renseignements.

« En plus de l'envoi de troupes, l'opération va permettre de construire des bases militaires et d'observation le long de ces routes pour qu'il y ait une solution permanente à ce problème sécuritaire, poursuit Christian Ita. *Si on ferme nos frontières qu'est ce qu'il adviendra de tous ces Camerounais qui ne sont pas*

des combattants ? Ils fuient la crise pour sauver leur vie. On ne peut pas fermer cette frontière ».

Selon les autorités du gouvernorat, près de 40 000 Camerounais sont aujourd'hui réfugiés dans l'Etat de Cross River. Des civils, répartis dans plusieurs localités le long de la frontière, et dont le nombre augmente de jour en jour.

▶**à (ré) écouter**: La crise du Cameroun anglophone s'exporte au Nigeria

Afrique Économie Podcast
L'économie du Cameroun anglophone dévastée par la crise sécuritaire
La crise dans les deux régions anglophones du Cameroun impacte gravement l'activité économique, selon un rapport très détaillé du Gicam, le Groupement inter-patronal du Cameroun. Champs occupés par des groupes armés, installation détruites, le tissu de PME souffre des actions menées par les groupes revendiquant l'indépendance. Les activités agricoles sont en perdition et les filières café-cacao-banane souffrent énormément.

270 milliards de francs CFA (près de 400 millions d'euros), c'est le montant des pertes et du manque à gagner pour les entreprises camerounaises implantées dans l'Ouest anglophone, en raison de la crise sécuritaire. Le Gicam, le groupement inter patronal du Cameroun vient de rendre public un rapport sur l'impact de la crise sécuritaire dans les deux régions concernées. Toute l'économie est touchée, mais plus particulièrement le secteur agricole.

Entre les plantations occupées par des groupes armés, les routes coupées, les infrastructures et les équipements détruits, les agriculteurs sont désemparés. Christian Fosso, est le directeur général de la Fimex, une société de produits phytosanitaires. Il est l'un des auteurs du rapport. *« ça pénalise fortement les entreprises au-delà de l'activité. Les paiements compromis. La situation des populations productrices dans ces zones est extrêmement compliquée,* s'inquiète-t-il. *Il y a eu des enlèvements, il y a eu quelques décès. Il y a aujourd'hui des routes qui sont complètement bloquées et qui sous le contrôle des rebelles. Les dégâts sont importants et aujourd'hui, il est important que cela s'arrête parce que sinon on va atteindre le point de non-retour. »*

13 000 ouvriers ne peuvent pas travailler

Franklin Ngoni Njie est le directeur général de la CDC, la Cameroon Development Corporation, l'un des fleurons de l'économie locale. La CDC produit du caoutchouc, de l'huile de palme et des bananes. Quasiment toutes ses plantations sont impactées par la crise sécuritaire : « *16 unités sur 23 sont fermées à cause des problèmes sécuritaires parce que les ouvriers ne peuvent pas risquer leur vie pour aller dans les plantations. Le nombre d'ouvriers travaillant dans ces 16 unités représente à peu près 13 000 personnes qui risquent de perdre leur travail* ». La CDC, société publique, paie un lourd tribut : extorsion de fonds, meurtres et violences contre ses personnels, installations vandalisées, pillage de récolte. Elle a déjà perdu près de 14 milliards de francs CFA.

3 500 hectares de bananeraies à replanter

Et l'avenir s'annonce sombre, d'autant que les bananeraies devront être entièrement replantées. « *La banane,* explique Franklin Ngoni Njie, *c'est une culture qui demande de l'entretien quotidien. A cause de ça, toutes les exploitations bananières, environ 3 500 hectares plantés, vont devoir être replantées quand ça va revenir à la normale. On a fait une estimation de ça, ça va nous couter 13 milliards de francs CFA.* »

Si l'Etat a d'ores et déjà promis à la CDC un appui financier, les autres acteurs économiques devront eux aussi faire l'objet d'une attention. Dans l'Ouest, le tissu économique est en train de dépérir, le chômage augmente et les populations s'appauvrissent. Le Gicam met en garde : si rien n'est fait, la récession pourrait s'étendre aux autres régions du Cameroun.

Cameroun anglophone: les vidéos violentes au service des séparatistes?

Par <u>RFI</u> Publié le 24-08-2018 Modifié le 24-08-2018 à 09:47

Au Cameroun, les réseaux sociaux sont saisis depuis des mois par des vidéos particulièrement violentes. Certaines attribuées à l'armée et tournées dans l'extrême nord du pays dans le cadre de la lutte contre Boko Haram ont récemment provoqué une vague d'indignation dans l'opinion. D'autres, tout aussi violentes, seraient le fait de séparatistes anglophones qui ne se gênent pas pour filmer et diffuser leurs exactions. Mais à la différence des condamnations que suscitent les vidéos attribuées à l'armée, celles des miliciens de la cause anglophone sont presque passées sous silence.

Parmi les moyens de communication utilisés par les miliciens pro-indépendance du Cameroun anglophone, les réseaux sociaux occupent une place de choix. Le politologue Mathias Eric Owona Nguini pense ainsi qu'ils s'en servent comme outils de propagande et arme de rébellion face au pouvoir en place.

« Il s'agit bien de miliciens qui sont liés à ces mouvements et qui veulent montrer leur niveau d'agressivité, qu'ils pensent être un élément de leur combativité, analyse-t-il. *Je pense que c'est plutôt de la propagande »*.

L'universitaire estime par ailleurs que la faible condamnation dont ces vidéos font l'objet auprès de l'opinion et des organismes de défense des droits de l'homme participe d'une indignation sélective avec des visées politiques.

Déstabilisation anti-Biya ?

« Des vidéos qui sont extrêmement violentes, notamment celles où était torturé malheureusement un soldat de l'armée camerounaise, bizarrement, alors qu'on avait vu un certain nombre d'acteurs des réseaux sociaux s'indigner face aux exactions prêtées à l'armée camerounaise, les mêmes n'ont rien dit de cette violence-là », note-t-il.

« En réalité, c'est parce qu'ils sont idéologiquement des soutiens de ce qui se passe dans les régions du Sud-Ouest et Nord-Ouest, espérant que cette déstabilisation va permettre de renverser le président Paul Biya », poursuit Mathias Eric Owona Nguini.

Le gouvernement multiplie des réflexions pour tenter de freiner la diffusion de ces vidéos, sans pour autant aboutir pour l'heure à une solution pérenne.

Cameroun: situation toujours bloquée dans les zones anglophones

Par <u>RFI</u> Publié le 02-01-2019Modifié le 05-01-2019 à 00:20

La situation sécuritaire s'est dégradée dans les deux régions anglophones du Cameroun durant l'année écoulée. L'ONG International Crisis Group considère que cette crise est l'un des dix conflits à surveiller en 2019 dans le monde. Tanda Theophilus est chercheur pour l'ONG International Crisis Group (ICG). Il estime que ni le gouvernement, ni les groupes séparatistes n'ont l'intention de dialoguer aujourd'hui, une étape pourtant indispensable selon lui pour que la situation s'améliore.

Tanda Theophilus : Nous sommes confrontés clairement à une multitude de groupes distincts, mais qui coopèrent de temps en temps. Depuis peu, ces groupes se battent entre eux, ce qui affaiblit davantage la partie séparatiste au profit de l'armée qui avance. Nous avons vu le gouvernement par intérim de l'Ambazonie donner l'ordre de kidnapper un chef combattant dans le département de la Boyo qui a été retenu pendant des mois, ce qui a facilité l'avancement de l'armée camerounaise qui a pu tuer le général ambazonien, Amigo. Ce qui fait que nous sommes en face d'une multitude de groupes qui s'entretuent, qui ne parviennent pas s'entendre.

Comment expliquer que l'armée n'ait pas réussi jusqu'à présent à anéantir ces groupes ?

Déjà il y a la maîtrise du terrain. Ils ont des campements dans la forêt. Ils frappent et ils retournent dans la brousse ou dans la forêt. Lle soutien de la population rend la tâche également difficile pour l'armée. Il aurait été profitable pour l'armée et l'Etat de façon générale d'engager des mesures d'apaisement et de séduction de la population. Mais jusqu'ici, c'est cette même population qui parvient à faire survivre les séparatistes.

Le 30 novembre 2018, le président camerounais a signé un décret lançant un processus de désarmement-démobilisation-réinsertion (DDR). Où en est-on un mois plus tard ?

Il y a eu quelques démarches, pas forcément spectaculaires. Mais jusque-là, le comité en question n'est pas encore pleinement opérationnel, ou alors nous ne voyons pas encore ce comité agir.

Pensez-vous que cela peut quand même être une solution ou une partie de la solution ?

C'est une partie de la solution si c'est sincère. Il faudrait que l'armée cesse les exactions sur les populations, surtout sur les populations civiles, pour bâtir un certain degré de confiance.

▶ *Dans les régions anglophones du Cameroun, beaucoup n'ont pas pu célébrer le passage à la nouvelle année comme ils l'auraient souhaité. Les violences liées à la crise y sont quasiment quotidiennes comme à Bamenda. En fin de semaine dernière, un caporal de l'armée a ainsi été enlevé et tué.*

Pas de foule dans les rues pour célébrer le Nouvel An ce 31 décembre à Bamenda, dans la région camerounaise et anglophone du Nord-Ouest. Même si le couvre-feu a été levé pour la période des fêtes, les habitants sont peu nombreux à se risquer dehors une fois la nuit tombée.

Fon Nsoh, qui habite à Bamenda, explique que les échanges de tirs sont quasiment quotidiens. « *Cela arrive tellement souvent que généralement, les échanges de tirs ne sont pas signalés*, raconte-t-il. *On en parle seulement s'ils sont particulièrement violents ou s'il y a des morts. Les habitants ici sont très prudents parce qu'ici, tout peut arriver n'importe quand entre les groupes armés et les forces de l'ordre* ».

Conflit à surveiller en 2019

Les violences sont également quotidiennes dans l'autre région anglophone du Cameroun, le Sud-Ouest. Le groupe armé Socadef, actif dans cette zone, rappelle que la seule solution possible est politique. Mais son chef exige toujours de négocier en présence d'une instance internationale ou d'un pays étranger et tient à ce que les discussions aient lieu hors du Cameroun. Cette option n'est pas envisagée par les autorités de Yaoundé.

La situation sécuritaire s'est dégradée dans les deux régions anglophones du Cameroun durant l'année écoulée. International Crisis Group estime qu'au moins 500 civils et plus de 200 membres des forces de sécurité ont été tués depuis le début des violences. L'ONG considère d'ailleurs que cette crise anglophone est l'un des dix conflits à surveiller en 2019 dans le monde.

Cette crise a été largement évoquée le 31 décembre par le président dans son discours de vœux. Paul Biya s'est dit conscient des conséquences pour les populations et a de nouveau appelé les groupes séparatistes à déposer les armes.

Annexe 2 : Corpus BBC

Cameroon's Anglophone crisis: Red Dragons and Tigers - the rebels fighting for independence
By Farouk Chothia BBC News 4 October 2018

The Red Dragons, Tigers and Ambazonia Defence Forces (ADF) - these are just some of the armed groups which have sprung up to fight for independence in English-speaking parts of Cameroon, posing a major security threat to Sunday's elections, in which President Paul Biya, 85, is seeking to extend his 36-year rule.

In the absence of reliable opinion polls, it is impossible to gauge the level of their support but the authorities' brutal crackdown has only pushed more of the local population into the arms of the separatists, analysts say.

The militias, formed in the past 12 months, have made many small towns and villages in the two main Anglophone regions, the North-West and South-West, "ungovernable", something unimaginable just a few years ago, Nigeria-based Cameroon analyst Nna-Emeka Okereke told the BBC.

"They probably have 500 to 1,000 active fighters, but more importantly they have the morale and determination to fight for the independence of what they call Ambazonia state," he said.

Media caption Cameroon election: Five things to know ahead of 7 October

The militias have repulsed attempts by the powerful Cameroonian army, including its elite US-trained troops, to defeat them because of the support they command in the two regions, Mr Okereke said.

"Women will cook for them, share information with them on troop movement and, in at least one instance, even helped lure a soldier to his death in Manyu Division [in the South-West]," Mr Okereke said.

'Proud of Anglophone heritage'

The militias began to emerge in 2017 after a security force crackdown on mass protests, led by lawyers in wigs and teachers in suits, over the government's alleged failure to give enough recognition to the English legal and education systems in the North-West and South-West.

The government was accused of relying heavily on people trained in the French legal and educational tradition to work in key posts and generally marginalising Cameroon's English-speaking minority, who make up about 20% of the population.

Image caption Many English-speaking people complain of being treated like second-class citizens

After some groups declared independence on 1 October 2017, the government dismissed the armed groups as "terrorists", and state radio reported that Mr Biya "declared war" on them.

"People in these regions are proud of their Anglophone heritage - especially their legal and education institutions. So it was a campaign for greater political and civil rights, and the separatists were seen as very marginal. But the government intervened in a heavy-handed way and that stirred support for the militants," Francophone Africa analyst at the UK-based Chatham House think-tank, Paul Melly, told the BBC.

Locals say this happened in many areas, including the farming town of Bafut, where soldiers were accused of carrying out random attacks, even torching the motorcycle taxis of young men.

'Classic rural insurgency'

With their source of income destroyed, the taxi operators made the town a no-go area for the government by forming the Seven Karta militia - "karta" refers to a famous cloth worn by people in the area and "seven" to a group of men who, legend has it, were known for their strength during the colonial era.

Rights group Amnesty International said the militants have also committed atrocities.

Apart from killing members of the security forces, they have also carried out attacks "designed to strike fear amongst the population, going as far as <u>burning down schools and targeting teachers who did not enforce the boycott</u>", Amnesty said in a report.

Media caption Cameroon's descent towards civil war

The International Crisis Group (ICG) think-tank estimates that around 10 armed separatist groups exist, gaining control of a "significant proportion of rural areas and main roads" in the North-West and South-West regions.

"They are not operating under one broad front, but there is very likely to be co-ordination between political elements in exile," ICG Cameroon analyst Richard Moncrieff told the BBC.

"They are waging a classic rural insurgency. They don't control territory all the time. They move around. They use hit-and-run tactics against isolated units of the security forces or prestigious targets - like local chiefs, whom they kidnap," Mr Moncrieff told the BBC.

Mr Okereke said he believed that the Ambazonia Self-Defence Council (ASDC), which is also known as the Ambazonia Restoration Forces (ARF), is the largest armed group, incorporating smaller militias like the Seven Karta, the Red Dragons and the Tigers.

Cameroon - still divided along colonial lines:

But the monitoring group, Armed Conflict Location and Event Data (Acled), said on its website that <u>the ADF is the most active militia</u>.

The ADF launched operations in 2017 in the Manyu district in the South-West and Mezam in the North-West, before shifting its focus to six other districts, the monitoring group said.

African mythology

The ADF and other militia have clashed with government forces 83 times this year, compared with 13 times last year, Acled added.

"Many of the regions where Ambazonian separatists are newly active are in North-West Cameroon. This expansion does not necessarily suggest that any one militia that comprises the Ambazonian separatists is expanding its operations; the spread could be the result of new groups forming in the North-West," it said.

The armed separatists have also established a strong presence on social media, with the Red Dragons posting videos of its fighters, including women, in gumboots and uniforms in a bush, and showing what they say was the shooting down of a military helicopter.

Critics dismiss the videos as propaganda and say the group has suffered heavy setbacks at the hands of government forces.

The militias rely heavily on imagery of animals, as well as African mythology, to rally support.

"You must know a tiger to become a Tiger," the Tiger group said on its website.

"It is believed that some of the Tigers are the ghosts of dead ancestors who have risen from the grave to defend their people," it added.

The name Ambazonia comes from Ambas Bay, the area of a settlement of freed slaves which is regarded as the boundary between Anglophone and Francophone Cameroon.

'Desertions from army'

A phrase often heard among the fighters as they appeal to their supporters, inside and outside the country, for funding is: "We need to buy sugar cane and ground nuts."

It is a euphemism - sugar cane refers to guns and ground nuts to bullets.

Many of the Amba Boys, as the separatist fighters are colloquially known, are armed with hunting rifles, though more sophisticated weapons, like Kalashnikovs, are said to have been seized from government forces while ammunition is being smuggled in from neighbouring Nigeria, according to some analysts.

More significantly, the ranks of the militias are also being swelled by some English-speaking deserters from the Cameroonian army, the ICG said.

"The security apparatus is under pressure, as evidenced by the proliferation of military desertions in the English-speaking area, some 20 of them even joined armed separatist groups," the ICG said.

Agreeing with the ICG, Mr Okereke said some government officials, including governors and mayors, fled their posts or failed to take up new appointments after the conflict started.

"Biya thought he could overrun the separatists, but the government is under immense pressure from them," he added.

'No serious dialogue'

While the army has been unable to defeat the separatists, they in turn are unable to win a military campaign, Mr Moncrieff said.

"They do not have sufficient international support and military strength to defeat the army," he added.

Image copyright Getty Images Image caption About 175 Cameroonian soldiers and police officers have been killed during the insurgency, the ICG says

The conflict has, in the past year, claimed the lives of at least 420 civilians, 175 military and police officers, and hundreds of separatist fighters. More than 300,000 people have also been forced to fleetheir homes, according to the ICG.

Mr Melly said the conflict was mainly between the armed separatists and the government.

"This is not an inter-communal war between two nations who hate each other. People move back and forth all the time between the Anglophone and Francophone regions and many of the people fleeing the conflict are going to Francophone areas. If there is political will, a solution can be found," he added.

For now, there is no sign of that. The armed separatists have vowed to enforce a boycott of Sunday's election, raising fears of attacks on polling stations and a low turn-out in mainly Anglophone areas.

Image copyright AFP Image caption President Paul Biya is seen by his critics as an autocrat

Mr Biya is likely to win the poll, as he has "absolute control over the security forces, and the electoral body", Mr Moncrieff said.

The key question is whether he will offer an olive branch to the separatists after the poll.

"So far, his strategy has been to keep multiplying troops," Mr Moncrieff said.

"There has been no serious attempt to advance dialogue. He'll need to do that. The overwhelming majority of Anglophone Cameroonians has genuine grievances, and feels they are treated like second-class citizens."

Pressure on Cameroon to release student

Will Ross

Africa editor, BBC World Service

Human rights activists are calling on the authorities in Cameroon to release a student arrested last week in the country's Anglophone regions.

Emeline Njongwan had shared a video showing dozens of students being led from hostels to the police station.

The Director of the Centre for Human Rights and Democracy in Africa, Felix Agbor Nkongho, condemned the arrest which he said was part of a government strategy to ensure people kept silent about abuses committed by the military in Cameroon.

A secessionist rebellion in the two English speaking regions of the country has displaced hundreds of thousands of people.

On Monday, four people died when a hospital was burnt down in the town of Kumba.

Posted at 18:45 11 Feb
Four killed in Cameroon hospital attack

There are reports from Cameroon that at least four people were burnt alive - trapped inside a hospital in the restive south-west of the country that was set on fire.

The hospital, in the town of Kumba, was serving a large area because several other health facilities in the same district had shut down due to a separatist rebellion.

The government has blamed previous hospital attacks on Anglophone separatists. But there have also been reports of soldiers targeting hospitals in the belief that separatist fighters were being treated there. It is not yet known who was behind the attack on this one.

The rebellion began after protests calling for better treatment of the Anglophone minority were violently broken up by the security forces in 2016.

Anatomy of a Killing
The captives are blindfolded and shot 22 times: Africa Eye proves who's responsible for it.
In July 2018 a horrifying video began to circulate on social media. It shows two women and two young children being led away at gunpoint by a group of Cameroonian soldiers. The captives are blindfolded, forced to the ground and shot 22 times.   The government of Cameroon initially dismissed the video as "fake news." But BBC Africa Eye, through forensic analysis of the footage, can prove exactly where this happened, when it happened, and who is responsible for the killings.   Warning: this video contains disturbing content   Investigation by Aliaume Leroy and Ben Strick. Produced by Daniel Adamson and Aliaume Leroy. Motion Graphics: Tom Flannery
Cameroon Burning: The Unseen War
Africa Eye analyse films, finding out who is responsible for the violence in Cameroon.
Hundreds of shocking mobile phone videos from Cameroon has surfaced in the past six months. They are coming from the English speaking part of the country, where rebels are fighting to form an independent state called "Ambazonia". BBC Africa Eye have analysed these films, shedding fresh light on who is responsible for the violence.
US to cut aid to Cameroon

The US says it will cut millions of dollars in military aid to Cameroon over allegations of gross human rights violations by the security forces.

The US says the Cameroonian government must investigate credible abuse allegations and hold the perpetrators accountable.

Last May, the US Ambassador to Cameroon, Peter Henry Barlerin, accused the security forces of targeted killings, unlawful detentions and burning and looting villages.

Posted at 18:03 5 Feb
One dead as Cameroon rebels threaten lock-down

Killian Ngala Chimtom, BBC Africa, Yaoundé

One person has been shot dead in Cameroon's South-West region as separatists seek to enforce a two-week lockdown.

"A woman was shot this morning as she went to the farm," the Mayor of Buea Patrick Ekema Esunge told the BBC.

He said however that normal business was continuing, albeit timidly. Yet in the country's neighbouring North-West region, it's a complete lock-down.

BBC
Cameroon's two English-speaking regions are called the North-West and South-West

"The streets are empty. No taxis, not even motor-bikes are circulating," said John Fru Ndi, chairman of the opposition Social Democratic Front said.

Separatists called for a complete lock-down of the two English-speaking regions as a means of frustrating celebrations marking an annual national holiday called Youth Day which, is due on 11 February.

On that day in 1961, Cameroon's English speakers colonised by Britain, voted in a referendum to gain independence by joining the French-speaking Republic of Cameroon.

Posted at 11:43 5 Feb
Cameroon apologies for Holocaust comments

The Cameroonian government has apologised to the nation of Israel for "deplorable" comments made on TV by a government minister about the Holocaust.

In a statement, it distanced itself from Deputy Justice Minister Jean de Dieu Momo, saying he was speaking as a private individual, not on behalf of the government.

Cameroon government

Asked on state television on Sunday why he thought opposition leader Maurice Kamto had refused to accept defeat following the 7 October presidential election, Mr Momo had used long-established anti-Semitic stereotypes:

In Germany, there was a race of very rich people. They had enormous economic power. And they were so arrogant that the German people felt a little nervous. Then one day, a certain Hitler came to power and put these populations in gas chambers."

Mr Kamto, the leader of the MRC, comes from the Bamiléké ethnic groups who have a reputation for being successful businessmen.

Mr Momo, who is also an ethnic Bamiléké, said it would be wrong for the group to seek political power alongside their economic influence, and suggested that trying to do so could be dangerous for the entire community.

Cameroon's contrite statement follows outrage from Israel, who on Monday demanded an «immediate apology» for the minister's comment. The Israeli Embassy in Yaoundé had called it a "big disappointment for bilateral relations"

between the two countries.

Cameroon Anglophone crisis: Bloody Tuesday for Bamenda afta attacks for different areas
    4 September 2018

Civilians, ambazonia forces die, government forces wound for Bamenda attacks on Tuesday.
Afta de kontri for Monday and kidnappings for Northwest region, Tuesday na bloody today weh no man bi fit expect as civilians, ambazonia forces die, goment forces wound afta attacks. LATEST TORI: Bamenda wakeup small-small afta Tuesday shooting

Who dey attack nurses for Cameroon?

Anglophone crisis: Defence Minister don promise for punish soldier weh e rape ngondere

Tori be say shooting for Bamenda today na helele and e nova bi clear how many pipo die but stray bullet kill civilians and authorities say na five pipo die.

Di separatists wey dey claim say dem be Ambazonia forces and Cameroon goment soldiers di exchange fire as deh bin wan attack Minister for Basic Education for e hotel.

Image example Di police officers bin dey carry out "routine patrol" when dem kill dem

Ah di check how school di start and we wan say make population no fear, Basic Education Minister, Hadija Halim tok for BBC Afrique.

Why Cameroon dey cari 100 businessmen go China?

Eye witness say e bin di park e moto wen ambazonia forces just kam start shoot gendarmes weh deh di guard wan bank for around Mile 2.

Anoda shooting bi dey for Foncha Junction and de woman weh e see how de tin pass, say e nova know if e blood pressure go kam down.

Image copyright Getty Images

Luckily say army shoot-shoot tire for de white pick-up motor weh de ambazonia forces deh bi di waka with and shatter de oda e wind screen.

Deh ambazonia boys run seize motor from one man abandon dia own run away as eye witness tell BBC News Pidgin.

Tori also komot say ambazonia fighters also shoot tire gendarmerie motor for two different places for town.

How prisoners deh di become entrepreneurs for Cameroon

Anglophone Crisis: 'Gunshot don turn music for Bamenda' - Resident

Pipo don di run from de area and no man know weti di happen, as we di tok so we know know how to send pikin dem from school.

De shooting even send pikin dem for hide under dia benches for hide from bullets weh e di pass for all side.

Minister for Territorial Administration, Paul Atanga Nji bin tok last moon say na just a small number for terrorist and na just a mata of taim, deh go soon crush dem.

Image copyright Getty Images

Also de principal for PSS Bafut, Ndue Derick weh gunmen bin kidnap, torture and dump for road and good Samaritan take e go hospital di fight for e life, even though some pipo say e don die.

Anglophone crisis: Six CDC workers for Cameroon di twist wit pain as gunmen cut dia fingers, 3 January 2019.

Six rubber plantation workers for Cameroon Development Company di tighten dia teeth with pain as gunmen cut off their fingers for morning, January 3.

Tori from Tiko na say deh bin di tap rubber inside farm wen some pipo with guns cut off dia fingers.

Just now deh six man pike dem dey for CDC cottage hospital for get treatment.

No bi de first taim weh deh cut off CDC workers dia fingers.

Separatists bin don warn de workers say if deh catch dem for plantation deh go cut off dia fingers but just now no group nova take responsibility for de action.

For seka Anglophone crisis, CDC don di fall as workers di fear for go farm. De company weh na second employer afta goment don loss plenti moni.

Franklin Njie, CDC bin tell BBC Pidgin say de company don loss FCFA 35 billion for seka de Anglophone crisis.

Dia production dis year for rubber, banana and palm oil don drop seriously e add.

No bi only CDC for Anglophone regions, credit unions weh deh di borrow moni for small farmers too don loss FCFA 64 billion.

Anglophone crisis: Top UN adviser dey call for Cameroon investigation

- 1 October 2018

UN special adviser, Adama Dieng wey dey fight against kill-kill don call for sharp-sharp investigate on top di killings wey dey happun for di English speaking parts of Cameroon.

Dieng say di kain tins wey pipo dey commit for di kontri dey "concerning" and say both sides of di fight-fight go need siddon, yarn how dem go take end am.

"Di crimes wey di two parties don commit need beta investigation and di pipo wey commit di crimes go need face justice to show say nobodi dey above law and all Cameroonians dey equal," im tok.

Di groups wey dey ginger for di independence of di region wey dem dey call Ambazonia, don dey attack goment forces and dem too dey fight di Ambazonia group back but pipo dey tok say di goment own too much.

Wetin dey cause di fight na complain from di South-West and North-West region say di French-speaking region wey be di majority no dey treat dem as equal.

Dem say dem dey force dem to use French for schools and courts.

Both sides don face accuse of kidnapping, kill-kill and burning of villages.

"My worry be say many pipo still dey die, so far e don pass 400 pipo. We don see crimes wey mouth no fit tok. We need political tok-tok and justice too," Dieng tok.

Cameroon go do presidential elections for October 7. "Na true say pesin no fit say fight-fight no go happun at all but for di first time, tins dey under control," Dieng tok.

E neva too tey wen BBC do investigative report wey explain how Cameroonian soldiers take blindfold two women and pikins come shoot dem plenti times.

Anglophone Crisis: All man di run from Buea and Bamenda

- 13 September 2018

As deh fighting di so-so go before for Anglophone regions dem, and fear say de situation go fit pass march from Sunday.

Tori be say kontri pipo di run from towns and villages for Northwest and Southwest Cameroon laik 'honey bees'.

Na for seka gun shots and fighting, and just now na big crowd laik honey bees dey for parks di stand for line for buy ticket for komot for de two regions.

Ah di pass so na for motor park for Moghamo for Bamenda, na so pipo dem flop for travel go Douala and Yaoundé. All man di run, but ah no know wusai ah go run go, one resident for Bamenda, Atuh Nadine tell BBC News Pidgin on Thursday.

Dis kana tin weh plenti pipo di run for de same taim laik honey bees so di happen afta 'Bloody Tuesday' for Bamenda and also shooting for Mile 16 Buea, Muea and oda parts dem.

Also fear dey for de two regions as activist say from number 16 day for dis moon no motor go enta or komot for Anglophone regions.

Since weh de crisis for Anglophone regions start for 2016 weh lawyers and teachers protest, population di live inside fear.

Wan resident for Buea weh e di run say de tin do pass dem, deh no sure for dia life for dis area again.

"Ah di leave Buea becos gun shot don too much for Muea, deh di over torment pipo dem and na so pipo deh di run.

Police pipo and special unit force, Rapid Intervention Battalion, BIR also dey and wen separatist forces pass for de area, BIR too go kam and pipo go start run.

"You di shiddon even for your house some man di open your door blind with gun. We no di feel fain, dat area bi too dangerous for us so we just wan leave", Joseph tok.

Joseph don send e pikin dem for Yaoundé and now so e di fain motor for komot Buea join dem for place weh security dey.

16 civil administrators also run

No bi only de population de run from Northwest and Southwest regions, even local authority don pum as de crisis don pass dem, according

Deh even kill Divisional officer for Batibo for Northwest regions.

16 civil administrators run from Northwest and Southwest regions but Secretary General for presidency komot release say make deh go areas go back and make deh install dem.

Even some parliamentarians, senators, mayors and oda big pipo for de two regions no fit step foot for dia area again.

Burning Cameroon: Images you're not meant to see

- 25 June 2018

Media captionWitnessing Cameroon's descent towards civil war

A man calmly sets fire to a house, watched by a group of at least 12 men dressed in fatigues, helmets, and black webbing consistent with those worn by an elite army unit in Cameroon.

"I want to die," a village chief tells his tormentors as they beat and threaten to kill him. They appear to be members of a separatist militia.

Captured on video and shared widely on social media, these are among dozens of clips that have been pouring out of Cameroon over the last six months, some of which have been analysed by BBC Africa Eye.

Some of them show burning villages. Others record acts of torture and killing. Many are too graphic to show.

Though often confusing and hard to verify, these films show a nation sliding towards a brutal civil war as the government tries to suppress an armed insurgency in the English-speaking areas of western Cameroon.

The crisis in Anglophone Cameroon:
Image copyright AFP

- Began in 2016 with demonstrations by English-speaking lawyers, students and teachers
- Protests against marginalization by the French-speaking majority met with a crackdown
- Activists arrested, and several protesters shot by security forces

- Separatist demands for an independent state grew, resulting in increasing violence
- Some symbolically proclaimed the independence of a new state called "Ambazonia"
- Some 160,000 people have fled their homes in Cameroon, the UN says
- More than 20,000 have fled to Nigeria
- Journalists being denied access to conflict zones.

What's happening in Cameroon?

'I share my home with 28 refugees'

Footage recorded in late April this year shows a unit of at least 13 soldiers setting fire to a house in Azi, a village in Cameroon's Anglophone South-West region.

BBC Africa Eye has confirmed the location by matching buildings to satellite imagery, and comparing the fire damage shown in a subsequent video from the same village.

These men appear to be members of the government's security forces. Their fatigues, helmets and webbing are all consistent with those worn by Cameroon's Rapid Intervention Battalion (BIR), an elite army unit that has been equipped and trained by the US and Israel.

Image caption Soldiers in the BIR unit wear a distinctive uniform

A local resident also told the BBC that the troops who destroyed homes in Azi belonged to the BIR. But a government spokesperson says the men's identity is unclear.

"They [the separatists] are able to acquire military uniforms of the Rapid Intervention Battalion or any other brigade of the defence forces in order to perpetrate their crime and blame our defence and security forces for it," Cameroon's Communication Minister Issa Tchiroma Bakary said.

He told the BBC the incident was being investigated to "shed light on what exactly happened".

Burnt to the ground

Amateur footage captured another attack on 29 April, this time on Munyenge, also in South-West region, showing the centre of the village ablaze.

The BBC has spoken to three residents of Munyenge who all say that the village was destroyed by government forces.

One man said that troops burned many houses, killed civilians and decapitated a body.

Satellite imagery from before and after this attack shows the extent of the destruction.

Interactive Slide to see the destruction in the village of Munyenge

A few days later, in early May, a video posted to Facebook showed the nearby village of Kuke Mbomo after a raid allegedly by soldiers.

Image captionThis footage shows the destruction of Kuke Mbomo, 25km (16 miles) north of Mount Cameroon

BBC Africa Eye examined the footage frame by frame and confirmed its location.

The video shows a man holding live ammunition and shouting to the camera: "These are for us, for civilians, to kill us!"

Image captionA man in Kuke Mbomo holds ammunition shells he says were brought to kill residents

Anglophone activists say close to 70 villages in the South-West have been targeted over the past year - and that the violence is continuing.

Using satellite imagery, the BBC has identified at least four villages that have been extensively damaged by fire in recent months.

Interactive Slide to see the destruction in the village of Bekora

Although we cannot confirm who is responsible for torching these villages, lawyer and activist Agbor Nkongho blames government forces.

Colonial roots

This is a conflict that has been building for decades.

The division between Cameroon's French-speaking majority and its English-speaking minority has its roots in the colonial era.

Cameroon was colonised by Germany and then split into British and French areas after World War One.

After French-administered Cameroon gained independence in 1960, the two parts of the country formed a single nation the following year.

This followed a referendum, when British-run Southern Cameroons voted to join the French-speaking Republic of Cameroon in 1961, while Northern Cameroons voted to join English-speaking Nigeria.

Even then, some English-speakers felt they had been forced into the new republic.

Cameroon became a federation of two states - one English-speaking, the other French-speaking - under one president.

A decade later in 1972, another public vote saw Cameroon dropping its federal form to become a unitary state.

Ever since, many Anglophones have complained that their regions were being neglected and excluded from power.

Mobile phones banned for officers

These simmering tensions bubbled over into violence in 2016.

Image copyright AFP Image caption Demonstrators in Cameroon's western English-speaking regions feel marginalized

It started as a protest by lawyers and teachers demanding better provision for the use of English.

But tensions rose, leading to confrontation between the security forces, a 93-day blackout of internet services across Anglophone Cameroon, and separatist militants fighting for the breakaway state of "Ambazonia".

Since then, there have been reports of atrocities on all sides - kidnappings, extra-judicial killings and the burning of villages.

Amnesty International says that English-speaking Cameroon is now gripped in a "deadly cycle of violence".

The rights group alleges the government crackdown and unrest has gradually turned into an armed conflict, leaving the general population at the whim of two opposing forces.

The government has taken some steps to address the issue of language, which sparked the crisis, setting up the National Commission for the Promotion of Bilingualism and Multiculturalism last year.

The communications minister also says incidents of alleged tortured are being investigated after a video, recorded in May 2018, appears to show military police officers abusing a separatist commander. BBC analysis places the footage outside the military police post in the village of Nkongle.

Image caption Much of the footage is too graphic to show - this still shows a separatist commander being kicked

"If a soldier or soldiers were to be found guilty of such behaviour, I am telling you that they would be court-martialled immediately," Mr Bakary said.

Schools torched by rebels

It is not just the government accused of committing abuses. Separatist rebels have also killed Cameroonian security forces and attacked civilians accused of working with the government.

The rebels have also attacked and burnt down schools - according to Amnesty at least 42 schools were attacked by armed separatists between February 2017 and May 2018.

Anglophone activists called for a complete school boycott last year to exert further pressure on the authorities. Amnesty has images of a teacher who was shot for keeping his school open.

A new video shows a village chief being beaten, apparently by a rebel who threatens to kill him.

Image caption The village chief is seen pleading with his attackers before saying: "I want to die"

The government says that 81 members of the security forces and more than 100 civilians have been killed by separatists in the past year.

No official figures are available for civilian and separatists' deaths at the hands of the security forces.

Prime Minister Philémon Yang has accused Cameroonians living overseas of using social media to "spread hate speech and terror" and "order murders".

More from BBC Africa Eye:

This week, the gendarmerie - Cameroon's military police force - banned officers from using mobile phones or social networks such as WhatsApp, Facebook and Twitter without permission.

Aid agencies' efforts to assist civilians have been frustrated by the struggle to access conflict areas.

As Cameroon's Anglophone crisis continues, both the UK and France have discreetly pressed for dialogue.

The US Ambassador to Cameroon, Peter Barlerin, has taken a harder stance. He recently accused the army of burning and looting villages and also suggested that after 35 years in power, President Paul Biya might want to consider stepping down.

Cameroon faces increasing international scrutiny in its approach to the crisis, with general elections scheduled for October 2018.

Thousands of families have been forced from their homes by the fighting.

While 21,000 people have fled across the border into Nigeria, the UN estimates that a further 160,000 are displaced within Cameroon.

Many others are still hiding in the forest.

Anglophone crisis: Cameroon separatists 'bomb' military moto for Kembong

- 30 November 2018

Cameroon army don release pishures of attack against one military convoy wey happun for Kembong villiage on Thursday for di South-West region. No soldier die for di attack and e no clear if anyone wound.

Although army never tok how e happun, Cameroon separatists wey dey fight for di independence of pipo for di English speaking parts of di kontri don claim responsibility for di attack, dem say dem plant di bomb for road to stop di army from entering di area.

Kembong na one of di places wey di fight-fight between Cameroon army and anglophone fighters wey wan Ambazonia don affect pass, BBC tori pesin, Peter Tah tok say dis bomb mata fit make mata worse.

E don pass one year wey palava don dey inside di English speaking regions and plenti pipo don die ontop while some don run go neighbouring kontris as refugees.Anglophone Cameroon pipo dem say di francophone pipo dey discriminate against dem inside court and schools.

Annexe 3 : Corpus RFI et BBC (solutions envisagées)

Interview de Maurice Kamto, invité d'Afrique, RFI, le 18/4/2018

http://www.rfi.fr/emission/20180418-maurice-kamto-dialogue-camerounais-donnera-forme-etat

Pour beaucoup de Camerounais, c'est le vainqueur de Bakassi, l'homme qui a plaidé avec succès devant la Cour internationale de justice pour le retour de la presqu'île de Bakassi au Cameroun, après de longues années de dispute avec le Nigeria. Aujourd'hui, Maurice Kamto dirige un parti, le MRC, le Mouvement pour la renaissance du Cameroun, et se présente à la présidentielle d'octobre. Quel est son projet ? En ligne de Yaoundé, le grand juriste camerounais répond aux questions de Christophe Boisbouvier.

Vous avez été le ministre de la Justice de Paul Biya pendant 7 ans (de 2004 à 2011). Puis en 2011, vous avez démissionné et maintenant vous vous présentez contre Paul Biya. Pourquoi ?

Maurice Kamto : J'ai été ministre délégué pour être plus précis. J'ai quitté le gouvernement. Pourquoi ? Parce que mon pays est dans une situation qui n'est pas bonne. La zone dite anglophone de notre pays est pratiquement en état de guerre civile maintenant. D'autre part, en ce qui concerne les écoles, la plupart des établissements scolaires du primaire comme du secondaire manquent cruellement d'infrastructures, il y a encore beaucoup d'écoles en particulier dans les zones rurales où les enfants suivent les cours quand ils peuvent les suivre, assis par terre, à même le sol ; deuxièmement, dans le secondaire il y a plusieurs matières qui n'ont pas d'enseignants. Notre pays est bilingue, je peux vous dire par expérience que dans beaucoup d'établissements, il manque par exemple des professeurs de langue anglaise dans la zone francophone. La condition des enseignants est absolument déplorable. Vous avez dû suivre il n'y a pas longtemps, les manifestations, les remous, les grèves des enseignants qui n'ont pas perçu leur salaire depuis plusieurs années. Prenons la santé, on a construit quelques grands centres de santé, c'est-à-dire quelques grands hôpitaux, sans les doter des moyens nécessaires. Regardez, nous avons à Yaoundé par exemple trois grands hôpitaux : l'hôpital général qui était censé être un hôpital de référence, qui aurait d'ailleurs dû réduire, sinon éliminer complètement ses évacuations sanitaires à l'étranger, il n'en est rien. Bien au contraire. On n'a jamais autant évacué qu'au cours des années récentes. Il faut construire des infrastructures sanitaires là où il y a les populations, et non pas là où il y a les hommes politiques.

En 2002, vous avez gagné l'estime des Camerounais en plaidant avec succès le dossier de la presqu'île de Bakassi devant la Cour internationale de justice. Et tout le monde reconnaît que vous êtes un brillant juriste. Mais n'êtes-vous pas plus un technocrate qu'un homme politique ?

Je ne sais pas la différence que vous faites entre les deux. Ce que je sais, c'est que je n'aime pas trop mettre en avant ce que nous avons pu réussir dans le dossier Bakassi parce que je ne l'ai pas fait pour ma gloire personnelle. Il faudrait donc maintenant que vous appréciiez ce que je fais à la lumière de l'action politique que je mène. En 2002, je n'avais aucun engagement politique partisan. J'étais doyen de la Faculté des sciences juridiques et politiques de Yaoundé. Je n'étais pas un acteur politique. Ma compétence technique, si vous pouvez me donner quelques crédits pour cela, je vous en remercie. Mais maintenant, je suis un homme politique. Il faut apprécier mon travail à la lumière justement de l'action des hommes politiques. Mes camarades et moi, nous essayons de réaliser l'alternance et d'accomplir l'œuvre de transformation dont notre pays a besoin pour être sur de bons rails.

Pour résoudre la crise de l'Ouest anglophone, Paul Biya prône la fermeté, tandis que le candidat du parti Social democratic front (SDF), Joshua Osih, prône le retour au fédéralisme. Quelle est votre position ?

Nous devons dans un premier temps envoyer une délégation de paix pour essuyer les larmes de nos compatriotes anglophones, les conforter dans leur « camerounité », les rassurer sur le fait qu'ils sont des citoyens camerounais à part entière. Une fois qu'on a, de cette façon, calmer les esprits, obtenu, je l'espère, une désescalade, on passe à la phase de négociations. Et c'est de ce dialogue que va résulter la solution du problème anglophone. Donc, je ne peux pas, alors que je prétends être demain celui qui peut effectivement créer ce cadre de dialogue, donner par anticipation le résultat du dialogue. Voilà pourquoi depuis quelques temps, je n'ai plus dit très clairement si j'étais favorable au fédéralisme ou à la décentralisation. C'est le dialogue des Camerounais qui donnera la forme du débat. Et notre engagement est de consigner cela dans la Constitution une fois que les Camerounais l'auront approuvée.

En fait pour vous, il y a deux solutions : soit la décentralisation, soit le fédéralisme. Mais ce sera à ce dialogue de décider ?

Absolument. Sachant, si vous me le permettez, qu'il ne faut pas s'accrocher aux mots. Quelques fois dans le cadre de la régionalisation, le degré d'autonomie est parfois plus poussé d'ailleurs que dans certaines formes du fédéralisme. Il y a des Etats régionalisés où, lorsque vous examinez le contenu de la régionalisation, on est parfois au-delà du fédéralisme. Je pense à l'Espagne, je pense dans une certaine mesure à certaines régions d'Italie. Donc c'est pour cela que je dis, il ne faut pas faire du fétichisme.

Au Cameroun, à la présidentielle il n'y a qu'un seul tour. Or avec Joshua Osih, Akere Muna et vous-même, il y a trois poids lourds pour l'opposition face au très probable candidat Paul Biya. Est-ce que vous n'allez pas disperser vos forces face au président sortant ?

En ce qui me concerne, j'ai engagé des contacts et des discussions avec tous les acteurs. Nous continuons à échanger. Je ne désespère pas. La question, c'est de savoir si quelques grands acteurs de la scène politique camerounaise peuvent se mettre ensemble pour permettre aux Camerounais de réaliser enfin l'alternance, après laquelle ils courent depuis 1992.

A l'Assemblée nationale, le SDF Joshua Osih est le premier parti d'opposition. N'est-il pas logique que votre parti MRC, qui ne compte qu'un seul député, envisage de se ranger derrière le SDF pour cette présidentielle ?

Je ne sais pas si la logique politique s'écrit de cette façon-là. Si tel était le cas, je pense que la République en marche n'aurait d'ailleurs pas dû se présenter ou présenter un candidat à l'élection présidentielle en France parce qu'ils n'avaient pas de députés du tout à l'Assemblée nationale, ni aucun élu d'aucune sorte. On peut avoir été le meilleur candidat hier et ne plus l'être aujourd'hui. Donc il va falloir nous entendre sur qui, aujourd'hui, est le mieux à même de tirer et de marquer le penalty de l'histoire au Cameroun. Et cela, ce n'est pas au nombre de députés ou de sénateurs ou de je ne sais quoi qu'il faut évaluer cela. C'est la situation d'aujourd'hui qui compte.

Invité d'Afrique, samuel Kleda, mardi 25 décembre 2018

Sources   http://www.rfi.fr/emission/20181225-crise-anglophone-cameroun-dialogue-reel-archeveque-douala

A qui pense Samuel Kleda en ce jour de Noël ? D'abord à tous ceux qui ne peuvent pas célébrer cette fête dans la paix. L'archevêque de Douala, qui est aussi le président de la Conférence épiscopale nationale du Cameroun (Cenc), veut témoigner en faveur des millions de réfugiés et de déplacés à travers le continent africain. Il pense tout particulièrement aux quelque 437 000 Camerounais du nord-ouest et du sud-ouest anglophones qui, selon l'ONU, ont dû fuir leur maison depuis trois ans. Mgr Samuel Kleda répond aux questions de Christophe Boisbouvier, joint par téléphone à Douala.

Quel est votre message de Noël ?

Mgr Samuel Kleda : Le message de Noël, c'est d'abord le sens même de la fête de Noël, Dieu qui a choisi de venir vers les hommes par son fils, le fils qui s'est fait l'un de nous. Il le fait parce qu'il nous aime. Donc pour moi, la fête de Noël, c'est la fête de l'amour pour tous les hommes, en particulier les familles qui vont se retrouver et célébrer Noël dans la joie. En ce moment, en Afrique en particulier, nous avons un peu partout malheureusement des foyers de tension. Les gens se battent. En ce moment, combien de familles en Afrique sont en déplacement ? Ou ce sont des réfugiés qui sont déplacés dans leur propre pays. Et l'occasion de Noël, c'est pour nous le temps de rechercher la paix, d'accueillir cette paix que le fils de Dieu est venu nous manifester. Alors c'est la fête à tous, que chacun d'abord se réjouisse de la rencontre avec Jésus Christ, que chacun de nous s'engage en ce moment à partager avec, ou du moins à penser à toutes ces personnes qui sont déplacées à cause de la guerre, qui sont des réfugiées, penser à eux. Penser également à tous les pauvres que nous rencontrons qui n'ont rien parce que Noël, c'est Dieu qui rencontre tout homme. Donc chaque homme doit en ce moment accueillir le message de Noël qui est la paix, qui est tout pour nous.

En ce jour de Noël, à qui pensez-vous en particulier ?

Ici, je commence par le Cameroun parce que, vous connaissez les crises, tout ce que nous vivons en ce moment dans nos deux régions [du nord-ouest et du sud-ouest anglophones], et même dans l'extrême-nord, là où est Boko Haram. A l'est de notre pays où des Centrafricains se sont retrouvés là au Cameroun, même des Nigérians au niveau de la zone de Maroua sont là. Nous devons penser en particulier à tous ceux-là en ce moment, non seulement au Cameroun, mais en Afrique où il y a des conflits. Je pense à toutes ces personnes qui souffrent en ce moment, et qui ne célébreront pas la fête dans la paix. Voilà, c'est l'occasion pour moi de prier pour que la paix revienne, que les hommes se donnent la main pour vivre ensemble parce que le Christ est né pour nous tous.

Alors plus de 700 morts, plus de 4 000 personnes obligées de fuir leur domicile. Cette année 2018 a en effet été marquée par une aggravation de la crise dans l'ouest anglophone. D'où vient cette crise ?

Cette crise, ce sont des revendications que les gens de cette zone [anglophone] essaient de faire entendre à ce sujet. Mais nous, ce que nous demandons et peut-être aussi beaucoup de Camerounais, vous voulons qu'il y ait un dialogue réel pour résoudre ce problème de crise. C'est la troisième année qui commence et qui fait effectivement beaucoup de pauvreté, qui crée beaucoup de misère, et je ne dirais pas seulement pour les gens de cette zone, mais aussi pour tous les Camerounais parce que cette crise concerne tous les Camerounais.

Vous avez proposé une conférence générale anglophone avec les leaders chrétiens et musulmans pour résoudre cette crise. Elle était prévue en août. Elle a été reportée en novembre. Et le mois dernier, en novembre, elle a été à nouveau reportée. Pourquoi ces reports successifs ? Est-ce à cause de l'hostilité du pouvoir ?

Tout simplement, ce sont des moyens logistiques que nous sommes en train de préparer. Mais en principe, nous voulons le faire de manière discrète. Là, nous ne voulons pas en parler.

Et pour vous, quelle est la solution ?

La solution, pour nous, je crois que c'est de toucher réellement les causes de cette crise, que les Camerounais acceptent de s'asseoir pour parler de ce qui fait problème, de ce qui les divise en ce moment, pour mettre le doigt sur le vrai problème, et nous engager, nous Camerounais, à le résoudre.

Dans le cadre de l'unité nationale ?

Oui. Evidemment, nous formons un seul pays. Je crois que la plupart des Camerounais ne sont pas prêts à se diviser. Partout, les Camerounais seront d'accord là-dessus.

Cette année 2018 a été marquée aussi par la réélection du président Paul Biya, une réélection sur laquelle vous avez émis de nombreux doutes…

Oui. C'est ce que j'ai dit. Maintenant, comme il a été installé, nous aimons notre pays. Le tout, c'est de nous mettre au travail surtout dans le but de construire notre pays.

Mais tout de même, vous vous êtes interrogé sur les résultats officiels annoncés après les élections du 7 octobre ?

Oui, oui. Je me suis interrogé, oui, sur certains résultats. Ceux qui m'ont écouté, nos autorités, c'est à eux de l'apprécier à leur manière.

Il y a un an, vous aviez invité le président à ne pas se représenter en 2018. Il ne vous a pas écouté. Que lui dites-vous aujourd'hui ?

Quand on n'a pas été écouté, je n'ai plus rien à dire. Ce sont les Camerounais eux-mêmes qui apprécient.

Et qu'espérez-vous pour la prochaine année 2019 sur le plan politique ?

Moi, je voudrais surtout qu'on travaille afin que la paix revienne dans notre pays. Tant qu'il n'y a pas de paix dans un pays, on ne peut rien construire.

Merci et bon Noël.

Bon Noël à vous.

Invité d'Afrique, le cardinal Christian TUMI 22 janvier, https://237actu.com/pid/2181

Invité du journaliste français Christophe Boisbouvier sur RFI le 22 janvier dernier, le Cardinal Christian Tumi avait appelé le pouvoir de Yaoundé à ouvrir dans l'urgence un dialogue dans la perspective de trouver les solutions à la crise qui fragilise les régions anglophones du Cameroun novembre 2016.

Notre rédaction vous propose ci-dessous l'intégralité de cet entretien

RFI : Comprenez-vous le malaise en zone anglophone ?

Monseigneur Christian Tumi : J'essaie de comprendre ce qui se passe parce que j'ai passé presque trente ans de ma vie de prêtre et évêque au Cameroun francophone et je suis originaire du Cameroun anglophone. J'essaie de comprendre les deux côtés. C'est maintenant la jeunesse, qui n'était pas encore sensibilisée à la réunification, commence à protester sur les conditions de travail, les conditions de vivre ensemble, et ils veulent qu'on retourne où on était au début de la réunification, c'est-à-dire au fédéralisme. Le pouvoir central ne veut plus de cela. Donc c'est là où nous sommes et il y a la tension, la tension…

Ce problème, ce malaise est très profond, très ancré. Pourquoi y a-t-il cette crise aujourd'hui ?

Il semblerait, du point de vue des avocats, des juristes anglophones, que le Commun Law n'est pas appliqué. Que par exemple, au Cameroun anglophone, on peut avoir des juges qui ne connaissent pas l'anglais et qui rendent leur jugement en français. Les gens ne comprennent rien. Prenons par exemple là où je me trouve, le préfet, le sous-préfet et le premier adjoint sont tous francophones, dans une région qui est peuplée à 99% d'anglophones.

C'est pareil à l'école ?

Tout n'est pas en français, mais par exemple, il y a des professeurs du Cameroun francophone qui enseignent au Cameroun anglophone, sans avoir une maitrise de l'anglais ; et vice-versa aussi. Ils disent qu'il faut qu'on réforme le système éducatif.

La réponse de Yaoundé, c'est là fermeté ?

C'est dommage. Je suis contre toute interdiction. Tout le monde a quelque chose à dire, il faut les écouter. Il n'y a personne qui aime ce pays plus que d'autres, parmi les Camerounais. Même si les autres préfèrent un fédéralisme, qu'on en parle, pour voir ce qu'il y a de mieux pour tout le monde. Quand on réprime, ce n'est pas une solution. Il faut essayer de les convaincre, même s'il y a au noyau qui va à l'extrême pour demander la séparation totale. Les extrémistes, il y en aura toujours. Mais la majorité des anglophones veulent qu'on retourne là où on était, c'est-à-dire au fédéralisme. Ils ne veulent pas la séparation, pas du tout.

« Ni fédéralisme ni sécession », a dit Issa Tchiroma Bakary, le porte-parole du gouvernement.

L'autorité centrale du Cameroun dit« le Cameroun reste un et indivisible », mais l'argument des anglophones, c'est la séparation qui est une division, le fédéralisme n'est pas une division d'un pays. Le système actuel est en train de montrer ses défauts, en ce qui concerne les corruptions, partout. L'actuel système n'est pas le seul non plus. Nous voyons les exemples dans le monde où des Etats fédérés marchent, progressent bien.

Un fait peu commun, même l'Union africaine s'inquiète de la situation ?

Vous êtes inquiet en ce moment de la tournure des évènements ? Nous sommes très inquiets parce qu'ils sont tellement convaincus. On va vivre sous tension jusqu'à quand ? Il faut qu'il y ait un dialogue parce que les anglophones sont aussi des Camerounais. Avec la violence, on ne construit rien, rien du tout.

Mémoire d'un continent, dimanche 29 avril 2018, RFI, Pierre Kame Bopda, , http://www.rfi.fr/emission/20180429-crise-anglophone-cameroun-comment-sortir,

Joseph Antoine Bell, BBC, 6 juillet 2018, https://www.bbc.com/afrique/region-44737777

L'ancien gardien de buts des Lions indomptables, Joseph Antoine Bell, pense que la crise anglophone ne nécessite pas une intervention extérieure.

Dans un entretien avec le site Camerounlink, l'ex-portier soutient que nulle part dans le monde où l'ONU est intervenue on a réellement retrouvé la plénitude de sa paix et de la joie.

Je ne crois pas que le Cameroun ait besoin d'une intervention. Si c'était le cas le Cameroun le demanderait lui-même. L'ONU n'intervient pas souvent comme ça de son propre chef. Et puis surtout, il me semble que notre situation, là pour le coup j'ai l'impression que le cas du Cameroun ne semble pas traité comme beaucoup d'autres Joseph Antoine Bell, Ancien footballeur camerounais

L'ancien capitaine de l'Olympique de Marseille cite les exemples des guerres du Royaume Uni contre les indépendantistes du Siin Féin, celle de l'Espagne contre les Basques de l'ETA, celle de la France contre les Corses en France, qui ont fait beaucoup de victimes sans susciter l'intervention des casques bleues.

"Je ne connais pas beaucoup d'Etats qui ont accepté la sécession et je ne connais pas beaucoup de pays qui ont proclamé qu'ils soutenaient des sécessionnistes. Plus près de nous, on a vu les sécessionnistes catalans et on a vu comment ça s'est terminé. Tout le monde reconnaît dans ce cas-là qu'il s'agissait réellement de démocratie. Les sécessionnistes utilisaient la démocratie pour essayer de se séparer de l'Espagne et l'Espagne a utilisé la démocratie pour combattre les sécessionnistes", conclut-il.

Depuis novembre 2016, la minorité anglophone, qui représente environ 20% des 22 millions de Camerounais et deux régions sur dix, protestent contre ce qu'elle appelle sa "marginalisation" dans la société.

Certains activistes anglophones exigent le retour au fédéralisme et une minorité réclame la partition du Cameroun.

Deux scénarios que refusent catégoriquement les autorités camerounaises.

Adama Dieng, BBC, 1/10/2018, https://www.bbc.com/afrique/region-45707119

Adama Dieng, le conseiller spécial de l'ONU sur la prévention du génocide, appelle les autorités camerounaises à mener "immédiatement" des enquêtes sur les assassinats commises dans les régions anglophones du Cameroun.

"Les crimes commis par les deux parties doivent faire l'objet d'enquêtes appropriées et indépendantes, et les auteurs de ces crimes doivent être traduits en justice de toute urgence", affirme Adama Dieng dans un entretien avec la BBC.

Les indépendantistes des régions du Sud-Ouest et du Nord-Ouest du Cameroun et les forces gouvernementales ont été accusées d'enlèvements, d'exécutions extrajudiciaires et d'incendies de villages.

Adama Dieng invite les deux parties à "se mettre autour de la table et dialoguer pour mettre fin au conflit".

"Ce qui m'inquiète, c'est qu'il y a encore beaucoup de morts, plus de 400 pour le moment. Des crimes atroces ont été commis. Nous avons besoin d'un dialogue politique, mais aussi d'une demande de justice", ajoute-t-il.

Les forces gouvernementales camerounaises ont également été accusées de violations des droits de l'homme contre des civils, dans la lutte qu'elles mènent contre le groupe islamiste Boko Haram dans le nord du pays.

Adama Dieng s'est par ailleurs prononcé sur les critiques visant la Cour pénale internationale (CPI), une juridiction des Nations unies souvent accusée de ne poursuivre que des Africains.

"Il est regrettable que l'on ait aujourd'hui l'impression que la CPI est sélective. Ce n'est pas vrai", a-t-il soutenu.

La CPI est un important moyen de dissuasion important contre les crimes de guerre commis dans le monde, selon M. Dieng.

"L'histoire a montré que la CPI est un tribunal indépendant (…) L'affaire concernant l'actuel président du Kenya, Uhuru Kenyatta, a été classée. Nous avons également vu ce qui s'est passé dans le cas de Jean-Pierre Bemba, qui a également été acquitté en appel", souligne-t-il.

Les leaders religieux, 27/7/2018, BBC,

https://www.bbc.com/afrique/44992486

Des leaders religieux ont décidé de mener une médiation dans la crise qui secoue les deux régions anglophones camerounaises depuis près de deux ans.

Réunis autour du cardinal Christian Tumi, ils invitent le gouvernement et les indépendantistes à l'ouverture d'un "dialogue franc, inclusif et complet" pour mettre fin à la crise.

Le révérend pasteur Babila George Fochang de l'Eglise presbytérienne du Cameroun, les imams Tukur Mohammed Adamu de la mosquée centrale de Bamenda, et Alhadji Mohammed Aboubakar de la mosquée centrale de Buéa, prennent part à cette initiative.

Dans une déclaration, les chefs religieux disent être prêts à servir de facilitateurs entre le gouvernement camerounais et les sécessionnistes dans cette crise qui rend difficile la vie des populations vivant dans les régions Nord-Ouest et Sud-Ouest du Cameroun, depuis bientôt deux ans.

Leur engagement était attendu des acteurs de la société civile et des ONG, dont l'"International Crisis Group", qui avait invité l'église catholique notamment à jouer les médiateurs pour promouvoir le dialogue entre le gouvernement et les sécessionnistes vivant dans les régions anglophones.

Pour les religieux, la paix passera forcément par la libération des personnes arrêtées en raison du soulèvement dans les régions anglophones, le dépôt des armes par les rebelles et le retour des réfugiés chez eux. Ils proposent la tenue d'une conférence, les 29 et 30 août à Buéa.

Cameroun: la SG du Commonwealth invite à l'unité, 20 décembre 2017, https://www.bbc.com/afrique/region-42423981

La secrétaire générale du Commonwealth, Patricia Scotland, en visite au Cameroun, appelle "à l'unité et au dialogue" pour une solution à la crise dans les régions anglophones du pays.

Elle a été reçue mardi par le président Paul Biya, selon Richard Onanena, correspondant de la BBC à Yaoundé, la capitale du Cameroun.

Au cours d'un dîner officiel dans la soirée, elle a exprimé "sa grande tristesse" sur les évènements en cours en zone anglophone, d'après les médias publics.

Elle invite les Camerounais à préserver "la paix et l'unité et à privilégier en toute circonstance le dialogue".

Le président Paul Biya a réaffirmé son engagement en faveur "du bilinguisme et du multiculturalisme, des atouts exceptionnels" pour le Cameroun.

Il a dénoncé les attaques "des extrémistes contre des membres des forces de l'ordre isolés, au nom d'une organisation terroriste se réclamant d'objectifs clairement sécessionnistes".

M. Biya a aussi déclaré vouloir "persister à la recherche de solutions de nature à conforter l'unité nationale".

La sécurité dans les régions anglophones du Cameroun s'est considérablement dégradée en quelques semaines.

Table des matières

www.ingramcontent.com/pod-product-compliance
Lightning Source LLC
Chambersburg PA
CBHW070813170726
48000CB00017B/880